本郷和人
NHK「偉人たちの健康診断」取材班

JN030190

危ない日本史

講談社＋α《プラスアルファ》新書

はじめに

本書のきっかけは、NHK BSプレミアムで制作され、私も出演させていただいている番組『偉人たちの健康診断』です。

この番組は、歴史上の人物の日常生活や病歴、健康上のこだわりなどから、現代に生きる私たちが元気で長生きするためのヒントを探るという内容で、医師や専門家の視点も交えながら、歴史上の人物が下した決断や行動の裏にあった要素や勝敗の要因、死因などを検証しています。

歴史に名を残す偉人や英傑だって、生身の人間です。頭痛に悩んだり、便秘で困っていたり、お腹が痛くて大事な決断が下せなかったりすることもあったわけで、それが勝敗を決める局面を左右したこともあるかもしれません。

もちろん本人の健康状態だけでなく、持ち前の気性や性格、育った環境や風土、考え方のクセ、周囲にいた人物、地域性や時代性、さらには奥さんや愛人との関係性など、さまざまなものが影響を及ぼしているはずです。当時の史料はもちろん、現代医学や現代科学を総合的に照らし合わせ、歴史上の人物や事件の「実際」を捉えてみようという試みは、意欲的で興味深いものでした。

この本は、番組制作スタッフの取材の成果に、私なりの見解を加えてまとめたものです。健康診断の部分は番組でよく調べてくださいましたから、私はもう少し違った面から、その人物や事象について掘り下げていきたいと思います。

また番組では、「なるほど。それはあり得る」と思う部分もあれば、歴史学者として「実際のところは、どうだろうか」と思うところもありますが、そうしたこともさらけ出して語ってみたい。そう思ってまとめてみました。

タイトルの「危ない」とは、登場人物や時代の危機を指します。

その危機はなぜ、どのように訪れたのか？　歴史的な事件の背景には何があったのか。その人を追い詰めたものは、実際にはどんなことだったのか。

また、偉人とか英傑、ヒーローなどと言われている歴史上の人物にも、さまざまな側面があります。人間的な危うさや弱さ、いまどきの言い方で言うなら「闇」を抱えているような、アブない人物もいます。

偉人たちのそんな一面を知ることで、歴史はもっと身近になるのです。

さらに、定説を一度は疑ってかかる、というのが僕のスタイルです。

いま、日本史で主流とされている考え方は、本当に「正しい」のか。日本史の常識を疑い、タブーを廃して物事の本質を見ることによって、歴史はより立体的に感じ取ることができます。

ぜひ、気軽な気持ちで楽しんでいただければ幸いです。

◉目次

第4章　「豊臣最高の能吏」の人間力――石田三成

第5章　農民として生まれ武士として死んだ男――土方歳三

第6章　龍馬暗殺の真犯人と黒幕――坂本龍馬

第7章　「逃げる殿」の第二の人生――徳川慶喜

第1章

「最後の戦国武将」の意地

——上杉謙信と武田信玄

伝説の軍団・武田騎馬隊の実力

戦国時代の武将のなかで、ダントツの強さと人気を誇るのが武田信玄《たけだしんげん》と上杉謙信《うえすぎけんしん》です。彼らを語る際には、その戦いぶりや戦術の素晴らしさが挙げられることが多いのですが、本書では少し違った面から見てみましょう。

まず、戦国最強の武将と言われた甲斐《かい》の虎、武田信玄。ともかく優れたリーダーであることは間違いありません。

武将としての力量も申し分ないし、甲斐の国を治める行政面での手腕も見事でした。

■『偉人たちの健康診断』から一言■

武田軍は、戦闘の強さもさることながら、移動の速さでも異彩を放っていた。
武田信玄と上杉謙信が激しくぶつかり合った第四次川中島の戦いでは、
武田軍が山越えに手間取ると予想して、戦いを支配していた上杉軍。
しかし、約一四〇キロ離れた場所にいた武田騎馬隊が急襲し、戦況を一変させる。
道中には一五〇〇メートル級の高い山がそびえていたが、

武田騎馬隊は険しい山道も馬を自在に操って、高速で移動したのである。

確かに、武田軍と言えば騎馬軍団が有名ですね。

でも、戦国時代の軍役のあり方を考えると、どのくらいの騎馬隊が存在していたのかは実は疑問なのです。領主が領民を率いて戦い、領民はその成果に見合った報酬（土地）をもらうという当時のシステムでは、普段農耕に従事している領民の多くが歩兵となり、騎馬隊だけの部隊を編成することは難しかったはず。また、近代の軍隊のような統制も取れていない時代です。「実は騎馬隊なんてなかった」という説を唱える研究者もいるくらいです。

ただ、武田軍の本拠である甲斐国が馬の産地だったことは確かです。また信玄は約一〇年かけて甲斐の北にある信濃国を押さえ、その後さらに一〇年かけて上杉謙信と北信濃を取り合うわけですが、この信濃も陸奥国に次ぐ馬の産地として有名でした。

つまり、甲斐と信濃の両方で馬をたくさん育てることができた。しかも、たとえば木曽馬（現存します）は馬格もしっかりしていて、けっしてポニーの如き貧弱なものではありません。ですから、武田軍は他の軍と比べて騎馬の占める割合が多く、しかも優秀な騎馬と兵を有していた、というのが実情ではないでしょうか。

とにかく、信玄は一〇年以上も上杉軍と激しい戦いを繰り広げた結果、ようやく上杉軍を撃退して信濃国を領地とします。その後も出兵を繰り返した信玄は信濃から西上野《こうずけ》（いまの群馬県）へ、さらに駿河へと領土の拡大を図ります。

元亀三（一五七二）年には「西上作戦」によって遠江《とおとうみ》に侵攻を開始し、柿本城や伊平城、犬居城、二俣城……と、徳川の城を次々と攻め落としていきました。

これだけ領地を広げていける武将はそう多くありませんから、信玄は「侵略マシーン」と言ってもいいと思います。

また、信玄には人望の篤いイメージがあるかもしれませんが、実は、残虐なことや非道なことも結構やっていたようです。佐久郡の志賀城攻めの際には、籠城する志賀城の前に野戦で討ち取った三〇〇〇もの敵兵の首を並べて威嚇《いかく》し（この数には諸説あります）、城を落とした後は捕らえた捕虜を奴隷にし、女子どもを売り飛ばしたと言われています。

■『偉人たちの健康診断』から一言■

猛将として伝えられてきた武田信玄。
だが近年の研究では、実際は細面で神経質な気性だったのではないかという。

たとえば、信濃侵攻の際、戦の出陣前に信玄は前線で城を守る家臣に宛てて、「われわれ本隊を迎える準備や城内の片付けなどに気をもむ必要はない」と気遣い、城の工事に苦労している家臣に対しては、

「お前が長い間、苦労していることはよくよく承知しているぞ」と労う。

家臣が神社に祈願に行くと聞けば先回りして、手紙で「お布施の割引をしてやってほしい」と神社に頼む。

信玄が家臣たちに宛てた手紙からは、気配りの細やかな一面が見えてくる。

そうそう、昔の教科書にはでっぷりと太った貫禄ある信玄の肖像が載っていましたよね。時代を代表する絵師の長谷川等伯によるもので、高野山成慶院に所蔵され、重要文化財になっています。

でも近年の研究では、あの肖像の人物は信玄ではなかったという説が有力です。長谷川等伯は能登の七尾《ななお》出身ですが、七尾に本拠を構えていた戦国大名、畠山氏の中の誰かではないかというのです。

最近では、その絵よりも同じ高野山の持明院に所蔵されている、痩せ型の武田晴信（信

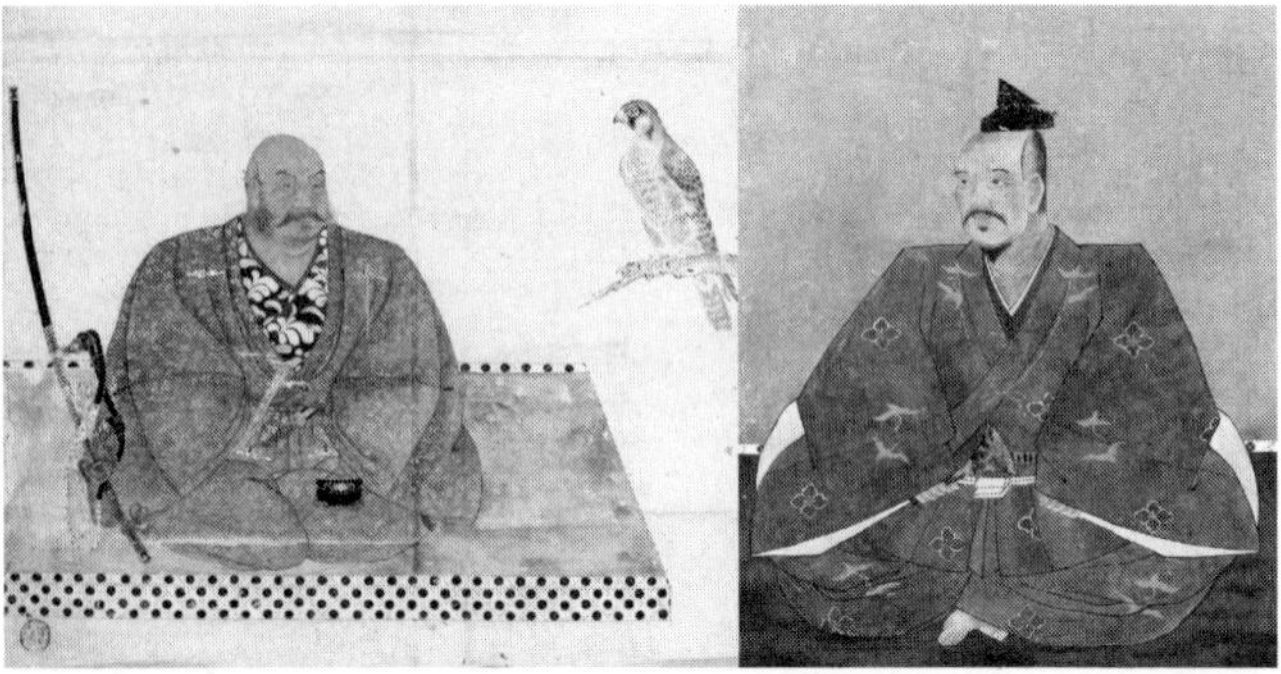

長谷川等伯による肖像（左）と、高野山持明院所蔵の武田晴信肖像（いずれも東京大学史料編纂所所蔵模写）

玄）肖像を用いることが多くなりました。こちらの人物は侍烏帽子《さむらいえぼし》をかぶり、直垂《ひたたれ》という武家の正装を身につけています。武田菱が描かれている衣服を着ているため、剃髪前の晴信（信玄）で間違いない、というわけです。

豪放磊落《ごうほうらいらく》なイメージよりも、こちらの痩せ型のほうが実際の信玄のイメージに近いかもしれないという研究者もいます。気配りが細やかというより、かなり心配性な性格だったのではないかと思わせるような家臣への手紙が残っているからです。

家臣思いと言えば家臣思い。でも、ちょっと部下たちに気を遣い過ぎているようにも思いますよね。そこには、信玄と家臣たちとの複雑な関係、ひいては当時の戦国武将の生き方が関係しています。

貴族の時代に身を興した武士たちは、武力を核として集結し、自らの存在感と意志を表明するようになっていきます。やがて彼らは朝廷や貴族と交渉し、民衆を統治する術を身に付けていきました。

主人が無能なら乗り換える

応仁元（一四六七）年から始まる応仁の乱は一〇年の長きにわたって戦われましたが、そこには足利将軍家の無力化が大きく関与しています。停戦の機会は何度かあったにもかかわらず、戦いをいち早く終結させて平和を取り戻す使命を帯びているはずの将軍家は、常に無力、かつ無策でした。

応仁の乱が終わると、京都に常駐していた守護大名たちは次々と国元に帰っていきます。そして自身の地盤を自力で固めていきました。こうして各地に新しい権力が出現し、京都の繁栄は地方へと移っていくのです。

そう、戦国時代の到来です。現実的な「力」がモノを言う、下克上の時代です。

新しい大名、すなわち戦国大名に「この国は俺たちの国である」というナショナリズムが生まれたのは、この時期でした。戦後歴史学を代表する存在だった研究者、永原慶二さんはこうした動きを「大名国家」と言い表しています。一人ひとりの戦国大名は一つの小国家をつくっており、その国の領民を食べさせていくのが自分たちの使命であるという意識を持っていた、というのです。

戦国大名たちは、自国の領地については外部を頼らず、もはや朝廷に税を納めることもありません。たとえば武田家は、甲斐の国の土地の所有について、すべてを保障します。それを支えるものこそが、武田家の武力なのです。

限定された地域ではあるものの、自らの領土において、自ら土地の権利や存在を保障することのできる存在。それが戦国大名でした。そして力を付けた者が各地で互いに対立して覇を競い合う「群雄割拠」の時代、それが戦国時代でした。

そんな時代の家臣と主人の関係性は、きわめて双務的です。

家臣と主人の関係というと、家臣が主人のために命を賭して戦うという絶対的な忠義の姿を思い浮かべる方もいるかもしれませんが、それは江戸時代に入ってからの話。

もちろん、戦国時代にも従者は主人のために命を懸けて戦います。そうした従者の献身に対し、主人は土地の授受をもって報います。

でも、家臣に領土を与えられないような無策な主人、働きに対して十分な報酬を与えないケチな主人、従者の働きをきちんと評価できない無能な主人などは従者の側から見限られ、他の主人へとさっさと乗り換えられたのです。

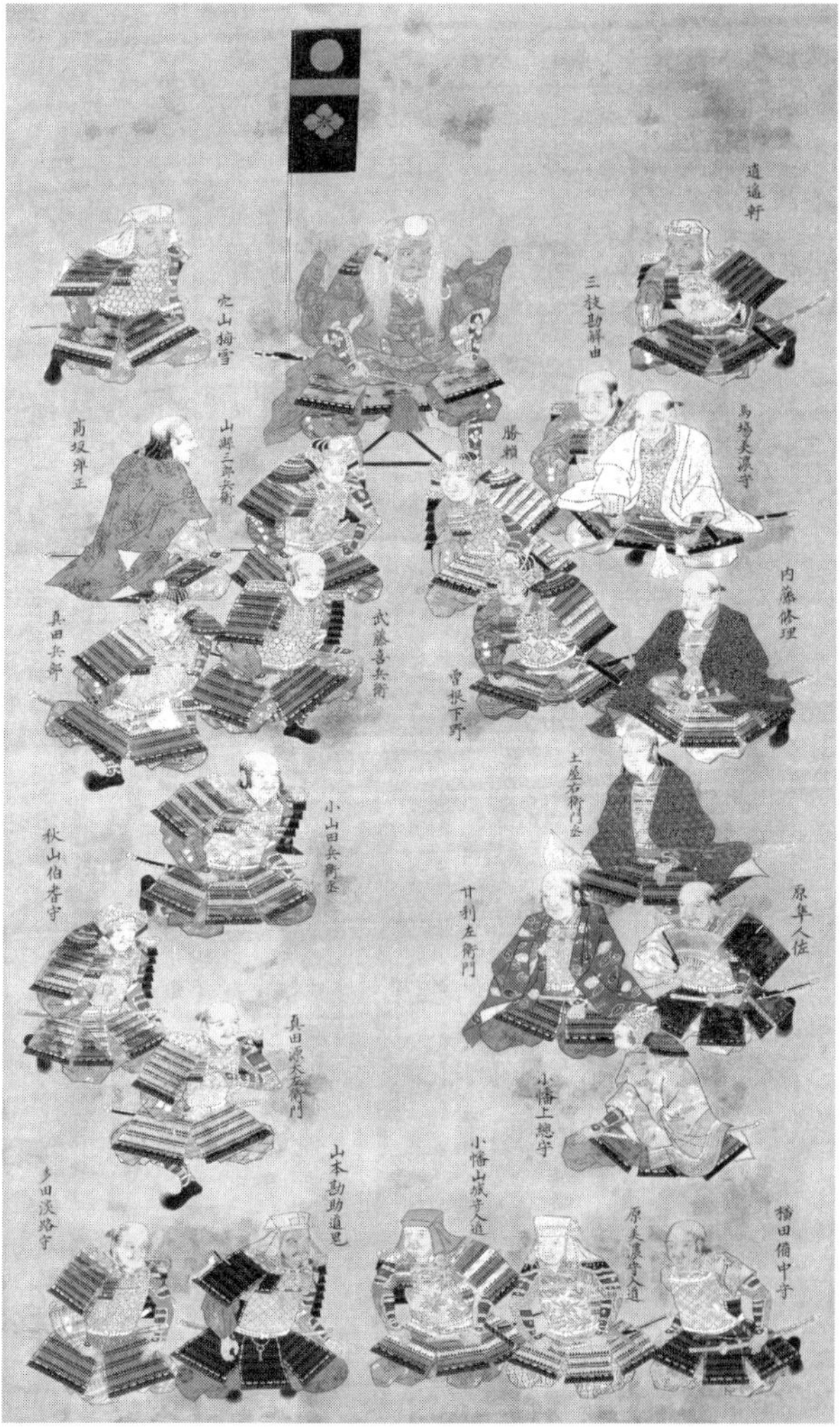

武田二十四将図（東京国立博物館所蔵）

特に武田家の家臣たちは、小山田氏、穴山氏、真田氏など、甲斐・信濃の各地でそれぞれ古くから一家を構えてきた豪族たち、それに加えて馬場信春《ばばのぶはる》、春日虎綱《かすがとらつな》（高坂弾正《こうさかだんじょう》）、内藤昌秀《ないとうまさひで》、山県昌景《やまがたまさかげ》のような有能な武将たちが中心です。信玄の采配が気に入らなければ、いつ裏切ってもおかしくないほどの強者揃い。

それは、信玄と家臣たちの絆を伝えるとされる「武田二十四将図」を見ればよくわかります。二十四将というから、信玄に仕えた家臣が二四人いると思われがちですが、実際に数えてみると、家臣の数は二三人。信玄を合わせて「二十四将」なのです。

つまり、信玄は企業の社長というより、チームリーダーのようなもの。家臣は同僚でもあったのです。

そんな家臣たちをつなぎとめるために、信玄は常に気を遣っていたのでしょう。功績を立てた者には即座に褒美をとらせましたが、信玄は戦の最中でも金品を陣中に置き、すぐに褒美として渡せるように準備していたと言われています。

七〇戦二敗の名将・謙信

この武田信玄と永遠のライバルと言われたのが、ご存じ「越後の龍」上杉謙信です。

上杉本洛中洛外図屏風に描かれた上杉謙信一行（米沢市・上杉博物館所蔵）

■『偉人たちの健康診断』から一言■

上杉謙信は、二二歳の若さで越後の守護代として越後統一を成し遂げる。

戦国最強と言われた謙信。武田信玄でさえ、一度も謙信に勝てなかった。

破竹の勢いだった織田信長《おだのぶなが》軍も、手取《てどり》川《がわ》で完膚《かんぷ》なきまでに叩きのめされる。

狩野永徳が描いた「上杉本洛中洛外図屏風」は、信長から謙信に贈られた品だが、

京の都の四季のうつろいと人々の生活が描き込まれた絵の中に、

室町幕府の将軍邸に到着しようとしている上杉謙信の一行の姿が。

先頭の馬の赤い馬飾りは、幕府から謙信だけに使用を許された毛氈鞍覆《もうせんくらおおい》。

室町幕府から破格の待遇を受けていた

謙信は、誰よりも天下に近い武将だった。

もし謙信が長生きしていたら、天下人は信長ではなく謙信だったかもしれない――。


上杉謙信が戦に用いた旗には「毘」の一文字が記されていました。これは謙信が信仰していた戦いの神様、毘沙門天から取ったもの。謙信は戦の前に「我を毘沙門と思え！」と言って鼓舞しました。

自分には戦いの神、毘沙門天がついているから、矢も弾も当たらない。謙信はそう言って神の力によって家臣を束ねようとしたのではないでしょうか。

実際、戦に強かった上杉謙信は生涯で七〇回戦ったうち、負けたのはたった二回と言われています（勝敗の捉え方には諸説あります）。

確かに、謙信は戦には強かったし、天皇にも室町将軍にも謁見していました。

でも、謙信は本当に「天下人」を目指していたのでしょうか？

僕には、どうしてもそうは思えないのです。

もちろん、越後国を治める領主として、領土欲がまったくなかったわけではないでしょう。武田信玄が亡くなった後には北陸のほうへ勢力を伸ばそうと画策し、最終的には越中

(いまの富山県)、さらに能登半島まで領土を広げていっていますから。

ただ、そうなると腑に落ちないのは、謙信の上野国への度重なる出兵です。謙信は険しい三国峠《みくに》を越え、上野国へ十数回も出兵しています。しかし、そこを領土とはしていないのです。

謙信の本拠地・春日山城《かすがやま》（上越市）から徒歩や馬の軍勢を率いて、標高の高い難所を越えて上野に進出するのは難事業であるばかりか、膨大な出費もかかります。出兵して戦争するというのは、非常にお金がかかる行為です。いまの時代の価値に換算すると、何千万、いや何億円規模になるかもしれません。

だからこそ、領土を少しでも広げ、その土地から毎年の収穫物を手に入れてはじめて、その戦は割に合うものになります。それなのに領土を取らずに戦をするというのは、通常ならあり得ない。それなのに、なぜ謙信は毎年、上野国へ出兵していたのか。

一つ考えられるのは、「越後が貧しかったから」説です。

謙信は上野国へ頻繁に兵を出し、そこに住む人々の食糧や財産を略奪していました。「義の武将」のイメージもぶち壊しですが、敵の領地から食糧を略奪し尽くした後には火を付け、人々を捕えて捕虜としました。その人質を人身売買で売り払うことも謙信は容認していたと言われています。

しかし当時の食糧事情を考えてみれば、そうした行為も仕方のないことだったかもしれません。

越後国はいまの新潟県ですが、新潟県といえば全国五位の面積の広さを誇ります。そして、米どころのイメージがありますよね。

ところが、新潟県が米どころとなったのは江戸時代以降でした。現在より寒冷だった当時の米の名産地は、温暖な九州の筑前国（福岡県北部）あたり。中世において飢饉は常に深刻な問題でしたが、特に米の収穫に必要な寒さ対策や雪対策ができなかった東北地域は慢性的な食糧難に喘いでいたのです。

領地を治める大名としては、自国の人々を食べさせなくてはいけません。領民の飢えを解消するために、戦いの末に食糧や財産を略奪する行為は、当時は当たり前でした。

この点でラッキーだったと言えるのは織田信長でしょう。信長の領地である尾張はいまの愛知県の三分の一程度の広さしかありませんでしたが、その多くは田畑が広がる肥沃な平野でした。当時の越後が三五万石の米しか取れなかったのに対し、尾張では六〇万石も取れたのです。面積を比べると、尾張は越後の七分の一程度しかありません。

面積が狭い分、効率的に支配できますし、商業の盛んな京にも近い。この尾張の地の利が、織田信長を天下取りに近づけた要因の一つでもあったのです。

実は、越後国は布の原料となる青苧《あおそ》の産地として有名でした。日本海航路の要衝《ようしょう》である直江津《なおえつ》港を利用して交易事業も盛んに行っていましたから、お金はありました。しかし米や食糧が取れない。それで謙信は上野国から略奪したのでしょう。

でも、上野国の領民にとっては、上杉軍の出兵は災難でしかないですよね。人も物も奪い尽くされるのですから。

そうなると、上野で略奪をしまくった謙信は、上野を自分の領土にする気なんてさらさらなかった、と言えるのではないでしょうか。領土を治める大名というのは、領民にきちんと米や生産物を税として納めてもらわなくてはいけませんから、領民を苦しめるような無茶な領土経営はできないわけです。謙信も信玄も自分の国では経営面や行政面に気を配り、発展させるよう努力しています。

ということは、謙信には天下を取るつもりもなかったのではないか。

これは番組とは少し違う見解になってしまいますが、上杉謙信は自らが天下人になるという思いではなく、十三代将軍の足利義輝《あしかがよしてる》を守り立てて、幕府全盛の時代に戻して平和な時代を目指そうとしたのではないかと考えられるのです。

「天下取り」という革命的発想

上杉謙信は「越後の龍」や「越後の虎」と言われたように戦術に優れ、武将としての評価を高く受けてきました。

しかし謙信は、家臣の期待に応えられるほどの領土欲を持てませんでした。領土欲を持たない大名は、家臣にとっては働きがいのある主人とは言えません。自分の働きに相応した褒賞、つまり新たな領土を与えられないのであれば、何のために命を懸けて戦うのかわからないからです。

前述のように、戦いの成果に対して褒賞をもらうことは武士として当然の権利です。もちろん主人の側もそれを心得ています。戦での部下の働きを認め、相応の褒賞を与えるのは戦国大名として必要な資質なのです。

歴史的な決戦と言われる川中島の戦いには一二年もかけた挙げ句、上杉側に目立った成果はありません。最終的には川中島を守り切った武田の勝ち、という見方もできます。

また食糧調達のためとはいえ、三国峠を越えてわざわざ関東に出兵していたのに、その地を支配することもできなかった。新しい領地が手に入らないのであれば、家臣たちは褒賞を得ることもないのです。

謙信は「義」という理念は持っていても、戦国武将としての大局観や戦略は持ち合わせていなかったのではないでしょうか。謙信が幾度も家臣に裏切られたのは、そうした面も関係していたのかもしれません。

僕は海音寺潮五郎さんの『天と地と』（文春文庫）が大好きで、石坂浩二さんが謙信を演じていた大河ドラマも子どもの頃に見ていましたから、謙信は好きな武将なのです。

でも、その戦略についてはどうにも理解できません。

結局のところ、謙信には天下を取ろうという気はなかったのではないかと思う根拠は、謙信が春日山城からずっと動かなかったことにも表れています。地図を見るとわかりますが、春日山城は細長い新潟県の端っこ、直江津港の近くです。

謙信が朝廷から与えられた「関東管領」という地位に非常に強いこだわりを示し、ありがたがっていたことはよく知られています。そのため常に関東に目を向けていました。

それならば、謙信は春日山城を出て、いまの新潟市あたりに本拠を移すべきだったのではないでしょうか。関東の平定を意識するなら、春日山に籠っていることはありません。何より三国峠を越えて難儀な出兵を繰り返すくらいなら、上野国を領土にして、その地をしっかり治めるべきでした。

天下を目指した織田信長が、尾張から小牧山、小牧山から岐阜、岐阜から安土というように、その時々の状況に合わせて本拠を次々と変えていったように。

でも謙信と同じことは、実は武田信玄にも言えるのです。侵略マシーンの信玄は、領土をどんどん広げていきます。信玄は甲斐を守るために信濃や西上野を取り、海のある駿河へも領土を広げました。しかし信玄はいくら領土を広げていっても、本拠である甲府の躑躅ケ崎《つつじがさき》館を動くことは生涯ありませんでした。信玄にとって大事だったのは、やはり甲斐国だった。甲斐という国を守る盾として隣の国を取っておく。そういう発想だったのではないでしょうか。

そこで浮かび上がってくるのが、織田信長という武将の特異性です。この時代の他の武将には決して持ち得ない、身軽なフットワークと行動力、そして大局観を持っていた。

そこにこそ、織田信長という人物の真の革新性が見えてきます。

ところで、歴史研究家や小説家がつくり上げた戦国時代の「常識」の一つにこんな概念があります。

「戦国大名は競って上洛し、天下を取ろうという野心を燃やしていた」

日本史の授業でそう教わった人も多いことでしょう。

「上洛」とは一般的に京に上ることを指しますが、戦国大名にとっては京の室町将軍や朝廷と何らかの関係性を持つという意味合いも含まれます。

でも、それが本当に天下を取ることにつながっていたのでしょうか。

たとえば、前述のように上杉謙信は京に上り、後奈良天皇や十三代将軍の足利義輝に拝謁していますが、それで謙信が政治権力を掌握したとは言えません。

周防《すおう》国の大内義興《おおうちよしおき》は永正五（一五〇八）年に大軍を率いて京に上り、畿内に影響を及ぼしましたが、将軍家の足利氏が中心となる幕府の体制を変えることはなく、そのまま周防に帰還しています。

桶狭間《おけはざま》の戦いで織田信長と戦った今川義元《いまがわよしもと》も、かつてその目的は上洛だったと認識されていましたが、現在ではその考えを持つ研究者はありません。たとえ今川氏が首尾よく桶狭間で織田氏を滅ぼせていたとしても、美濃《みの》国には斎藤氏が立ちはだかっていました。また今川氏は近江《おうみ》国への対応もできていませんでしたから、その後一気に京へ進もうとしても難しかったでしょう。今川義元の目的は天下を取ることではなく、生産性の高い濃尾平野を領土に加えることだったのではないか。いまでは多くの研究者がそう考えています。

さらに、上野国で上杉謙信の侵攻を迎え撃つ立場だった北条氏も関東にこだわって、京に上ることはしていません。

有力武将だった毛利氏も、領土の中国地方を統治することで満足しています。四国の長《ちょう》曾我部《そかべ》氏、九州の大友氏、島津氏、龍造寺《りゅうぞうじ》氏なども地域を平定することにかかりきりで、大友氏が毛利氏と争っていた以外では本州に関与もしていません。

こうして考えてみると、上洛を試みた例は、織田信長を除けば、元亀三（一五七二）年の武田信玄の西上作戦（遠江・三河侵攻）だけ。でも、この西上作戦も上洛が目的だったのか、単に遠江や三河の領土を押さえたかっただけなのかは、研究者の間でも評価が分かれるところです。

三方ヶ原と家康の大便

武田信玄は、本当に京を目指して攻め上っていたのか。

それを知るには、「信玄が実際にどんな行軍をしたか」にヒントがありそうです。

戦いで軍隊が長い距離を移動する際には、目的によって戦略を考える必要があります。

たとえば、後の関ヶ原の戦いのとき、東軍の前田利長《まえだとしなが》は二万の大軍を率いて京・大坂方面へ向かいましたが、その前田軍に立ちはだかったのは、西軍の丹羽長重《にわながしげ》が守る堅城、小松城でした。しかし前田軍はこの小松城をスルーして、先を急いでいるのです。

でも、その先の山口氏の大聖寺城には攻勢をかけ、一気に落としています。

「堅城は後回しにして、落とせる城だけ攻撃する」という前田軍方式は、目的地のある行軍をするときには最適と言えるでしょう。

一方、その地域を自分の領地にすることを考えるなら、一つひとつの城や砦を落とし、敵兵や敵の勢力を掃討していくほうがよさそうです。

問題は信玄です。西上作戦のとき、彼はどんな行軍をしたのか。

元亀三（一五七二）年一〇月、信玄は先発の山県昌景隊に三〇〇〇の兵力を預け、自身は二万二〇〇〇の兵力を率いて甲府から諏訪に出て、そこから南下を始めます。山県隊と信玄本隊は徳川方の城を次々と攻め落としながら、徳川家康の本拠、浜松城に向かいました。

対する家康は本拠の一つ前の二俣城を防御陣地とし、一〇〇〇の兵を配置します。自身と残りの兵一万は浜松城に籠っています。

このとき信玄が取った行動は二俣城への攻撃でした。二俣城を守る徳川勢は徹底抗戦し、二ヵ月間も武田軍を足止めしています。最後は武田軍が水の手を断ち、ようやく二俣城を陥落させるのですが、この二ヵ月の間には、三〇〇〇と数は少ないながらも、徳川勢に織田軍の援軍も駆けつけています。

もし信玄が上洛を優先していたなら、前田利長のようにこの二俣城はスルーして、さっさと本丸の浜松城を狙ったほうがいいはずです。家康の本拠でもない二俣城を攻めている信玄の目的は遠江中央部の領域支配だったのではないか。そう考えたほうが自然です。

徳川方の二俣城を落とした武田軍ですが、その次には家康が籠城する本丸、浜松城をスルーして西を目指そうとします。

後世に伝えられる話では、それを知った家康は「俺を敵と認めないということか」と激昂し、家臣による制止を振り切って武田軍を後背から攻めようとしたと言われます。

ところがそれは信玄の罠で、武田軍は三方ヶ原《みかたがはら》で徳川軍を虎視眈々《こしたんたん》と待ち構えていた。戦国最強の武田軍の策にまんまとはまった徳川軍は一〇〇〇人以上の死傷者を出して大敗するが、浜松城に逃げ帰った家康は恐怖のあまり、なんと大便を漏らしていた。家臣には「腰に付けていた非常食の味噌だ」と言ってごまかしたものの、この一件から、家康が慢心の自戒とするために描かせたと伝えられるのが、家康が困ったように顔をしかめている「しかみ像」である……というのが有名なしかみ像のエピソードなのですが、最近の研究によると、どうやらこのしかみ像の像主は家康ではないそうです。

それはさておき、この三方ヶ原の話はちょっと眉唾ではないかと思っています。

というのも、一万もの兵力がある浜松城をスルーして武田軍が西に進軍できるはずがないからです。ここをスルーしたら、後ろから補給部隊が襲われるかもしれませんし、家康が大胆な策を取るならば、武田の本拠である甲斐を攻められてしまうかもしれません。まあこれは机上の想像にすぎませんが。

武田軍が浜松城を攻めなかったのは、確かに作戦なのでしょう。当時の状況を考えれば、きっと家康はそれが罠だと知りつつ、さまざまな面を考えた上で後方から襲撃するアドバンテージを選んだ。家康が怒りに我を忘れて出陣したというのは作り話でしょう。

とにかく、武田軍は三方ヶ原で家康を討ち取る寸前までいきながら、その首を取ることはできませんでした。家康は浜松城に逃げ帰りますが、織田からの援軍もあり、その時点で浜松城には戦闘に堪える兵が四〇〇〇から五〇〇〇程度はいたと思われます。

この状態では、武田軍は上洛などできないはずです。信長との決戦も無理でしょう。

信玄はこの三方ヶ原の後は、徳川方の野田城を攻め落としています。しかし、ここで信玄の病気が重篤になり、武田軍は国に引き返すことになるのです。

結局のところ、信玄は何を目的として西上作戦を行っていたのでしょうか。

やはり最後までこだわった徳川領の奪取こそが本来の目的ではないでしょうから、もし信玄の体調が悪化しなければ、野田城の次はおそらく豊橋城を落として岡崎と浜松の連絡を断つことを考えていたのではないか。そして再度、浜松城を攻め、今度こそ遠江を自分の領土とする——そのあたりが信玄のリアルな目的だったのだろうと考えています。

川中島合戦の勝者と敗者

そもそも信玄に最初から「天下を取る」という目的があったなら、それに向かってもう少し効率的に動いたほうがいいはずです。

たとえば織田信長は「天下布武」（武力で天下を統一する）というスローガンを掲げて、実に効率的に動いています。まず七年間で美濃国六〇万石を制圧。その少し後に伊勢国の北部約三〇万石を制圧。一〇年ほどで計九〇万石を手に入れています。

その点、信玄はどうか。一〇年かけてほぼ信濃国を押さえ、手を出してきた上杉謙信をまた一〇年かけて撃退し、ようやく信濃国を領有しました。この信濃国は四〇万石。二〇年かけて四〇万石ですから、信長と比べ、どう見ても効率が悪い。

これは上杉謙信にも言えることですが、そもそも一二年もかけて川中島で戦う必要があったのでしょうか。信濃一国を取る重要性については、大きな疑問が残るところです。

なぜなら信濃は、領土は広くても米は取れませんし、山と谷が多くて治めにくい土地だからです。また、もし領土の広さを重視するのであれば、五〇万石の上野もある。こちらを取ったほうが、効率はいいはずです。

もちろん信玄が非常に優れた武将であることは間違いありません。謙信同様、信玄も戦には滅法強かった。織田信長でさえ、信玄が攻めてくると逃げ回っているくらいです。

それだけに、なぜ信玄はそこまで信濃国にとらわれていたのか。朝廷にお願いして、有名無実の信濃守の官職を得たりしているのですが、その旧式な発想には首を傾げたくなります。

信玄は、信濃という「国」を押さえることを重視していましたが、信長の発想は違います。美濃国をしっかり押さえた後は、近江国全体を押さえることにはこだわらず、京と岐阜を結ぶルートだけを自らの支配下に置いています。信玄が「国」という単位にとらわれていたのに対し、信長は「天下を取る」という目的のために最適な戦略を立て、それに必要な条件を備えた領土だけを押さえようとしたのです。

自分の領土を増やすために侵略していくという点では同じですが、信玄は自分の領土である甲斐国を守るために、その周辺の領土を広げていきました。そうした動きは結果的に天下を取ることにつながるのだという見方もありますが、そもそもはじめから天下を取ることを目的として動くのとは、発想がまったく違います。

戦場だけでなく、ビジネスの世界でも、戦術（Tactics）と戦略（Strategy）は分けて考える必要があると言われます。戦術は短期戦で勝つための戦法であるのに対し、戦略はより広い視野で包括的に練られたプランのこと。目的を達成するためには周到な準備や計画が必要になります。

信玄は、戦に勝つための戦術には優れていたけれど、戦略の立て方は、ひと時代古かったと言えるのではないでしょうか。春日山城に籠っていた謙信はなおさらです。

むしろ信長の発想が斬新すぎたのかもしれません。これに関しては、次章でまた詳しく触れます。

「後継指名」に失敗した信玄と謙信

■『偉人たちの健康診断』から一言■

三方ヶ原の戦いで家康に迫った武田信玄だが、その身体は重い病に侵されていた。

元亀四（一五七三）年四月一二日、歯がボロボロ抜けた信玄は衰弱し、死に至った。

その六年前、侍医から『膈《かく》』という病だと言われていたという信玄。

それは、現在の胃がんではないかと神奈川歯科大学附属病院認知症・高齢者総合内科教授の眞鍋雄太先生は推察する。

胃がんは、リンパ液や血液の流れにのって転移しやすいがん。

顎の骨に転移すると、「海綿骨」という歯をサポートする柔らかい骨が壊れる。

すると信玄のように一日で歯が五〜六本抜けることもあるという。

信玄死去を知った謙信は「信玄は世に稀なる英雄名将なり」と涙を流した。

徳川家康は家臣に語った。

「信玄の死を喜んではいけない。私は昔、信玄のような武将になりたかった」と。

死にゆく信玄は、細かい遺言を遺しています。

まず「自分の死は三年間、秘密にしろ」。それから上杉謙信とはずっと戦ってきたが、信用できる男だから、頼るときはあいつに頼れ。そして織田信長が攻めてきたら、持久戦を展開して、ともかくこちらからは出るなということを息子の勝頼に伝えたのですが、勝頼はすべて守りませんでした。

でも、これは無茶な遺言と言ってもいいでしょう。信長がまさに天下を狙っているときに三年間も何もしなければ、武田家は滅ぼされてしまいますから。

事実、九年後の天正一〇（一五八二）年に、織田信長とその同盟関係にあった徳川家康、北条氏政による侵攻で、あっという間に武田家は滅びました。

武田家で何より致命的だったのは後継者問題です。信玄は、息子の勝頼の子、信勝（自分の孫にあたります）を跡継ぎとし、勝頼を「陣代」（主君が幼少のとき軍務や政務を統轄する者）としました。勝頼は正式な後継者ではないと表明したのです。

でも、正式な後継者ではない勝頼に家来たちが付いていくはずがありませんよね。

前述したように武田の家臣団は猛者揃いで、勝頼ももともとは武田家を支える武将の一人としてその中に存在していました。信玄の息子とはいえ、いわば元同僚が社長代理になった状態ですから、勝頼が家臣たちから舐められても仕方ありません。

どんなに優れた武将でも、後継者をしっかり選び、引き継ぐ体制を備えなければ、その家の存続問題につながります。

現代の経営者の皆さんにとっても、跡継ぎ問題は大変でしょう。世襲であれば息子に継がせるのが一番簡単ですが、長男より次男のほうが優秀であれば迷いますし、男子に優秀な人がいなければ、優秀な娘に婿養子をとって継がせたほうがいいとか、いろいろ考えますよね。もう世襲を止めようという人もいるかもしれない。とにかく、トップが退任する際にもっとも大事なことは、この人物が後継者であるとハッキリさせること。そして皆でこいつを守り立ててやってくれというバックアップ体制をしっかりさせることですよね。

■『偉人たちの健康診断』から一言■
信玄の死から五年後、上杉謙信は春日山城の厠《かわや》（トイレ）で突然の死を迎える。暗殺説も浮上したが、医師の若林利光さんによれば、晩年にげっそり痩せ、嘔吐に苦しみ、大きな腫れ物ができていた謙信は、糖尿病の可能性が高いという。質素な食事を好み、戦で野山を駆け回っていた謙信が糖尿病？

上杉景勝像（米沢市・上杉博物館所蔵）

そのカギになるのは、謙信のある生活習慣だった。
関白・近衛《このえ》前久《さきひさ》の手紙によれば、謙信は京滞在中、
朝まで酒を飲んでいたという。
謙信は大酒飲みだったのだ。
二合半ほど入る「馬上杯」を手放さず、戦の間も
飲み続けていた。

跡継ぎ問題でさらに大失敗をやらかしたのが、謙信です。

四九歳まで生きていたのに、跡継ぎを決めずに突然亡くなってしまったのですから、死後に揉めるのは当たり前。謙信は生涯婚姻せず、子どもがいなかったからなおさらでしょう。二人の後継者候補がいるという曖昧な状態のままで、どちらと言わずに死んでしまった。これはもう、謙信の最大のミステイクです。

血筋で言えば、甥（姉の息子）の上杉景勝《うえすぎかげかつ》ですが、武士としての格で言うと、北条氏康の子である上杉景虎《うえすぎかげとら》です。もともと他人の景虎には自分の昔の名前も与えていますし、どうも謙信は景虎のほうを可愛がっていたらしい。また面倒くさいことに、景虎には景勝の妹を娶《めと》

らせていて、どちらが意中の人だったのか、ますますわからない。

だから、もしかしたら自分が死ぬかも、とはこれっぽっちも思っていなかった可能性があります。病で寝込んでいたとかではなく、雪の寒い日にトイレでいきんだ瞬間に血管がブチッと切れちゃった。突然死がやってきたのですね。でもいま考えてみると、どうも糖尿病だったのではないかといいます。

その一番の根拠は、謙信が亡くなる半年ほど前にげっそり痩せたこと。確かにこれは糖尿病の末期の症状ですから、説得力があります。糖尿病には体重が一気に減ったあとに血管がブチッと切れるということがあるそうです（僕自身も糖尿病ですが、げっそり痩せるところまではいっていませんから、いまのところ気にせず食べていますが）。

謙信の酒豪ぶりは有名で、馬に乗りながら飲むための「馬上杯」も残っています。こんなふうに当時の甘いお酒を毎日ガブガブ飲んでいたら、糖尿病にもなるでしょう。

僕は以前、血圧も高かったのですが、糖尿病って高血圧と違って自覚症状がほとんどありません。高血圧の人は気持ち悪くなっ

謙信愛用の馬上杯

てきつい、ということがありますが、糖尿病は高血圧に比べて、それほど辛くはない(血糖値が上がっているときは多少わかりますが)。

謙信が本当に糖尿病だったら、自覚症状はそれほどなかったのかもしれません。

とはいえ、信長が桶狭間の戦いの前に「人間五十年、下天の内をくらぶれば、夢幻の如くなり」と謡ったように、当時、人の寿命はそれくらいだという認識はありました。だから、四九歳の謙信が自分の亡きあとの上杉家のことを考えて後継者を決めておかなかったのは、もう愚かとしか言いようがないのです。

結局、謙信の死後に上杉家は真っ二つに割れ、上杉景虎にも家臣の半分がついてしまいます。晩年の謙信は果敢に越中から能登を平定し、加賀にも勢力を伸ばしていましたが、謙信が亡くなったあとの上杉家は二年間も内戦に明け暮れたために衰退。加賀、能登、越中を奪われ、越後すら危うく侵略されそうな状況に陥ります。もはや越後一国を守るのが精一杯、というところまで上杉家の勢力は後退したのです。

武田信玄と上杉謙信。ともに優れた武将でありながら、天下統一という新しい発想を持ち得なかった彼らは、「少しでも我が領土を広げたい」という戦国武将の意地を、後を継ぐ者に伝えていくことは叶いませんでした。

第2章 恐怖で人を支配する

信長の磁場——織田信長

特定の女性を愛さない男

——天正一〇（一五八二）年六月二日の早朝。京の二条御所近くの本能寺を密かに囲む大軍勢があった。その数、一万以上。

先鋒隊が本能寺の中へなだれ込むや、たちまち鉄砲の音と怒号があたりに飛び交った。一〇〇人に満たない家臣とともに本能寺に滞在していた織田信長は自ら弓を取って戦い、弓の弦が切れると槍で必死に防戦するも、圧倒的な兵力にはとても敵わない。「是非に及ばず」。そう言って女中たちを本能寺から脱出させた信長は、宿所に火をかけ、最期を迎える——。

ご存じ、明智《あけち》光秀《みつひで》が主君・織田信長を討ち取った本能寺の変です。今年（二〇二〇年）の大河ドラマでは明智光秀が主人公だと聞いて、僕は「ついに来たか」と思いました。光秀って実は戦国時代の鍵を握る重要人物なのですが、これまで「謀反人」のイメージが強く、ドラマでは常に脇役に甘んじてきたからです。

その光秀が大河の主人公になるというのは、近年の「明智光秀像」の変化が関係しているような気がします。最近の史料発掘や研究によって、一方的な悪人というイメージが崩れつつあるのです。

明智光秀といえば、本能寺の変。

そして日本史上、常に問われる命題は「光秀は、なぜ信長を討ったのか」。

それを考えるにあたっては、まずは「織田信長」という戦国武将に着目する必要があります。

■『偉人たちの健康診断』から一言■

本能寺で最期を遂げた信長。記録によれば、燃え盛る炎のなかで切腹したという。

本能寺はすべて焼き尽くされ、信長の遺骨は見つかっていない。

さらに信長の居城、安土城も炎に包まれて焼け落ちた。

遺骨も、身につけていた甲冑も遺っていないため、信長の身長は不明だ。

しかし、意外なものから信長の身長を推測した人物がいる。

医師の篠田達明さんは、信長の肖像画から身長を割り出した。

まず、着物の襟幅は大抵決まっている。男性の着物の襟幅は一般的に六センチ。

そこから、上腕骨の長さを推測する。

身長は上腕骨の長さと相関関係があり、上腕骨がわかれば身長がわかるのだ。それによると、信長の身長はおよそ一七〇センチだったのではないかという。

ときはまさに下克上の時代。武田信玄や毛利元就《もうりもとなり》、そして織田信長など、各地で勇猛な戦国大名たちが頭角を現しました。

近年、学会などでは「信長は普通の戦国大名である」という見方をする研究者が少なくありません。信長も、武田信玄や上杉謙信と大して変わらないというのです。

でも、僕はそう考えません。前章で僕は武田信玄を侵略マシーンだったと書きましたが、こうした武将たちのなかでも、徹底した侵略マシーンが織田信長でした。とにかく同時代の他の武将とはその発想からして大きく違ったのです。

信長の侵略マシーンたる所以《ゆえん》はいくつもありますが、まず挙げられるのは、信長が拠点を次々と変えていったことでしょう。尾張を取り、美濃を取り、北伊勢を取る過程で信長は居城を変えていきます。

前章で触れたように、武田信玄も上杉謙信も、生涯、拠点は変えていません。毛利元就も自分の本拠の吉田《よしだ》郡山《こおりやま》を動いていない。今川義元も駿府《すんぷ》を動いていない。名だたる武将たちが領土を広げても自分の本拠から動かなかったのに対し、信長だけは「国」という意識にとらわれずに居城を次々と変えています。しかも、完全な移転を繰り返した大名なんて他にはいなかった。

信長が郷土というものに対して特に強い愛着を持たなかったのではないかと思える、こんな話もあります。

織田一族の発祥の地は、現在の福井県の越前国織田荘という土地です。信長はその地にいまも残る劔神社《つるぎじんじゃ》という神社の神官の子孫だと言われています。でも、信長が越前に侵攻したときにこの神社に立ち寄ったという記録はありません。信長は、一向一揆や朝倉義景《あさくらよしかげ》との一乗谷の戦いなどで二〜三回（諸説あり）は越前に侵攻していますが、日にちの余裕が十分にあったときでさえ、織田荘や劔神社にまったく関心を示していないのです。

もしも旅先に自分の家のルーツの神社があったら、一度くらい立ち寄ってみたいと思う方は多いのではないでしょうか。先祖を大切にする気持ちがいまより強い当時はなおさらだと思いますが、信長にしてみると、後ろを振り返っている暇などないということかもしれません。

また、現代では女性蔑視と言われるかもしれませんが、信長は特定の女性に愛着を示すこともなかったようです。信長の妻や愛人に関してはほとんど記録に残っておらず、唯一、濃姫が正室だったという記録があるものの、この濃姫でさえ信長が美濃国を取ったあとは、もう用済み状態。濃姫のところへは、まったく行っていないのです。

『武功夜話』という書物には跡継ぎの信忠を産んだのは信長の側室の「吉乃の方」であることが書かれていますが、この『武功夜話』は史料としての信頼性に欠けるため、吉乃の方が実在していたかどうかも不明です。

男色と苛烈な愛情表現

さらに信長が他の戦国武将と比べて異質である点は、大胆な人材登用を行ったことです。信長の配下には明智光秀に豊臣秀吉《とよとみひでよし》、滝川一益《たきがわかずます》など、非常に有能な人材が揃っていましたが、それは生まれや身分も定かではない人材であっても有能な人間を積極的に取り立てたからです。

当時、これは非常に珍しいことでした。敵に攻め込まれたら即滅亡という過酷な世界ですから、現代の僕たちからしてみれば才能のある人材をどんどん引き上げたほうがいいと思いますが、実際にそれができた武将はほとんどいないのです。

応仁の乱の際、主人の斯波《しば》氏から越前国を奪った朝倉孝景は、その下克上によって「最初の戦国大名」と呼ばれていますが、彼は子孫に『朝倉孝景十七箇条』という遺訓を遺しています。

そのなかには、戦で物事を決める際には占いやおまじないに頼ってはいけないとか、重臣の家に生まれたからといって重臣になれるとは限らないなど、非常に合理的なことが書かれています。でも、そんな合理的な思考をしていた朝倉孝景でさえ、越前国で信用できるのは越前国の人間だけだから、内政に関しては他国の人間は使ってはいけないと書いているのです。

他国でもこの価値観は同じです。いえ、もっと保守的だったのです。戦国時代には、他国の人間や出自のわからない人間はまず信用されなかった。毛利家や大友家でも他国の人間はまったく取り立てていませんし、今川家でもそうです。

勇名を馳せていた上杉謙信も積極的な人材発掘は行っておらず、抜擢したのは河田長親《かわだながちか》という武将一人くらいです。

優秀な家臣に恵まれたのは武田信玄でしたが、それは信玄が積極的に人材を登用したからです。その信玄でさえ、直接的には抜擢することはできませんでした。「お前、才能あるから一気に重役ね」なんて人事はとても無理。ではどうするのかというと、甲斐国で潰れてしまった名門の家を継がせるわけです。

たとえば、馬場信春はもともと甲斐にやってきた土岐《とき》氏の一族で、教来石民部《きょうらいしみんぶ》と名乗っていました。有能な彼を取り立てるため、信玄は跡継ぎがいない甲斐の名家である馬場家を継がせたのです。

他にも、春日虎綱（高坂弾正）は農家の出身でしたが、一時的に「香（高）坂」を名乗らせています。真田幸隆の三男だった真田昌幸にも一時は地元の名門、武藤家の養子に入らせて武藤喜兵衛を名乗らせています。昌幸の場合、長篠の戦いで長兄と次兄が戦死して真田家を継ぐ者がいなくなったため、真田に戻ったのです。

内藤昌秀も工藤家から内藤家へ、山県昌景も飯富《おぶ》家から山県家へ代わっています。それによって、名目上は甲斐の名家出身ということにするわけです。

しかし、そんな面倒なことはいっさい考えず、「お前は優秀だから任せるぞ」と言って重役に大抜擢したのが信長です。そのため、どこの馬の骨かもわからない明智光秀が取り立てられた。光秀は信長に仕える前は朝倉家にいましたが、そこにいたら一生、うだつが上がらなかったはずです。羽柴（豊臣）秀吉も然り。彼らは信長の下でしか出世することができなかった。信長のように能力重視で抜擢人事をする大名など異例中の異例でしたから。

先ほど女性の話が出てきましたが、戦国時代は男色の盛んな時代でした。戦場には女性を連れていけませんし、男らしい気風が重んじられたことも影響していたのでしょう。信長もご多分に漏れず、男性のお相手がいました。

ただし信長らしいのは、男色のお相手にも有能さを求めたことです。前田利家《まえだとしいえ》、長谷川秀一《はせがわひでかず》、堀秀政《ほりひでまさ》、森蘭丸《もりらんまる》など、信長の男たちは皆、才能に溢れた人材ばかり。容姿だけでなく能力も重視され、信長にとって「役に立つかどうか」がチェックされていたのです。

さらに人材育成法も独特です。彼らを大事に育てるかと思えば、その反対。どんどん戦場に送り込んだのです。もちろん戦ですから、なかには戦死する者もいる。信長の小姓だった万見仙千代《まんみせんちよ》は容姿端麗で文事に優れ、信長の寵愛を一身に受けていましたが、荒木村重《あらきむらしげ》の謀反が起きると最前線に送られ、有岡城の戦いであっけなく戦死してしまいます。

愛した相手であっても、いや愛した相手だからこそ、どんどん危険な戦場に放り込む。そして生き残ってきた者だけ出世をさせる。まるでライオンが可愛い我が子を千尋の谷に突き落とすように。そこにも特別な執着は感じられません。

信長は「サイコパス」だったのか

■『偉人たちの健康診断』から一言■

織田信長の性格といえば、短気で怒りやすいことで有名である。

たとえば、信長が通る道に誤って岩を落としてしまった家来は、その場で処刑。信長が外出から帰った際にいなかった女中に激怒して、成敗。家臣の明智光秀が意見すると、激高して足蹴り。

宣教師ルイス・フロイスは信長を「攻撃的」「せっかち」「声が大きい」と評した。心理学の専門家によると、こうした特徴はあるタイプに分類されるという。

「タイプA」……短気で攻撃性が強く、出世欲や競争心が露骨で極端な完璧主義。ある研究では心筋梗塞や狭心症の患者にタイプAの傾向が多く見られるという。

才能のある者は身分が低い者でも他国の出身者でも抜擢した信長ですが、その一方で、無能とみなした相手には情けはいっさいなしでした。必要であれば、女子どもも容赦なくなで斬りにする。なんと残虐な。人の評価も冷酷な絶対能力主義者・信長は、恐怖で人を支配していたと言えます。いかにも「タイプA」の性格ですね。

いや、タイプAどころか、脳科学者の中野信子先生は、信長はサイコパスだったのではないかと指摘されています。信長が本当にサイコパスだったかどうかは僕には断言できませんが、普通の感覚を持つ人ではなかったのは確実でしょう。

たとえば、元亀二（一五七一）年の信長による比叡山焼き討ち事件。中野先生はこの件を信長がサイコパスである根拠の一つとされていますが、確かに当時は神仏や怨霊、祈りや祟りが現代よりはるかに強く信じられていた時代です。神仏世界のシンボルだった比叡山と四〇〇〇人もの僧を焼き払ったインパクトは、当時の人々にとっていかに大きなものだったか。まさに神をも恐れぬ所行だったと言えるでしょう。

先ほど「信長＝普通の戦国大名」説について触れましたが、この比叡山焼き討ちに関しても、信長はきちんと手順を踏んで比叡山を焼いたのだから、神仏を軽視していたわけではないと主張する研究者もいます。

実際、それはどんな手順だったかというと……当時、朝倉・浅井の連合軍に味方をしていた比叡山に対し、信長は「朝倉・浅井を離れて、こちらの味方になってください」と呼びかけます。すると比叡山は「ノー」と断ります。「では、あなたたち宗教勢力は中立な立場でいてください」と信長が言うと、比叡山は再び「ノー」と断るのです。

そこで信長が「俺の敵に回るということか。そんなこと言っていると焼くぞ」と脅しますが、比叡山も「やれるものならやってみろ」と一歩も引きません。さらに信長が「いいの？本当にやるよ？」と脅すと、比叡山は「だから、やれるものならやってみろ！」。重ねて信長が「いいんだな？」、比叡山はまたもや「来るなら来い！」……こんな応酬の末に、信長は本当に比叡山を焼いてしまったのです。

だから信長は、きちんと手順を踏んでいてわかりやすいし、ごく普通の人である――そういう主張です。

いやいや、ちょっと待てよと思いませんか。どんな手順を踏んでも、八〇〇年も続く信仰の総本山である比叡山を丸焼きにするって、普通の人にできることでしょうか。

信長は、存在を実証できない神仏の権威や祟りに対する恐怖心など、いっさい持たなかったのでしょう。いや、その存在すら認めようとしなかったのかもしれません。

そんな信長の合理的で非情な一面がよく現れたのが比叡山の焼き討ちでした。

この他にも信長は虐殺を行っています。伊勢長島の一向一揆で一向宗の門徒二万人、越前で同じく門徒一万二〇〇〇人を殺しているのです。

室町時代から戦国時代にかけては武士が力をつけましたが、庶民もまた自我に目覚め、知力を獲得し始めた時代でした。力をつけた庶民のなかには、武士たちの支配に抵抗して自立しようとする者も出てきたのです。彼らはいまでいう「平等」に一番近い概念を持っていた一向宗を支えとした。そして、石山本願寺を中心とする一向宗は次第に勢力を拡大していきます。それをいっさい認めようとしなかった信長は、長く一向宗と凄惨な抗争を繰り広げますが、最後には力で押さえ込んだのです。

当時の人口は現在の約一割でしたから、現代の感覚にすると二〇万人や一二万人を一気に殺したという感じでしょうか。日本の歴史上、他に類を見ない大虐殺です。

ただし、信長が単なる暴君だったかというと、そうとは言えません。あくまでも明確な敵対行動を示してきた者、自分に刃向かう者は容赦なく討ち取りましたが、自分に逆らわない者はむやみに攻撃しないという合理性も持っていました。それでも恐ろしい人物には違いないのですが。

「岐阜」という名に秘められた野望

■『偉人たちの健康診断』から一言■

キリスト教の布教のために来日した宣教師ルイス・フロイス。

彼が書いた『日本史』には、信長の岐阜城に招かれた際の様子が書かれている。

「きわめて豪華な部屋で、婦人たちと息子が信長に仕えていた」

信長は、普段は家族と山頂の城に住んでいたが、山の麓にも館があり、政《まつりごと》の執務をそこで行っていた。

信長は毎日、麓の館から山頂の城まで往復していたという。


織田信長は次々と本拠を変えていきますが、その居住地となる城についても、独特の発想力と美意識を持っていました。

城といえば石垣というイメージがありますが、実は日本ではじめに石垣を積んで城を築いたのは信長です。それまで造られていたのは自然の山を削ったり掘ったりして盛り固め、堀や土塁などを造成した城でしたが、信長が美濃攻略のために小牧山城を築いたときにはじめて城の四方に石垣を積んだのです。

それ以降、各地で石垣を積んだ城が次々と建てられるようになります。寺院建築に石が積まれることがあり、その技術を築城に転用したのではないかという説もありますが、とにかく信長以前に城に石垣を造るという発想はなかった。信長が日本の城を変えたと言っても過言ではないでしょう。

その小牧山城の石垣ですが、なぜか敵にではなく味方に向けて造られていると、小牧市の教育委員会の方に伺ったことがあります。どうやら信長が城にいる味方に自分の力を見せつけるために石垣を造ったのではないかというのです。確かに、大きな石が積まれた石垣を見たら、家臣も「殿にはとても逆らえん」と感じるでしょう。

その次に移り住んだ岐阜城では、大手門を入ってすぐのところに巨石を積み上げて石垣を造っていますが、これは味方だけでなく、城を訪れる人や敵にも自分の権力を誇示しているわけです。

それ以降、こうした特徴は他の城でも取り入れられるようになりました。

信長の独創性が発揮されたのは、石垣だけではありません。

■『偉人たちの健康診断』から一言■

天正七（一五七九）年、信長は琵琶湖のほとりに安土城を築く。それは、またしても山の頂上に建てられた、地下一階、地上六階建ての高さ三〇メートルの巨大な高層住宅。日本ではじめての天守閣である。

城内でも天主まで上り下りしていた信長は、毎日かなり高いレベルの有酸素運動をしていたのではないかと早稲田大学スポーツ科学部教授の川上泰雄先生は指摘する――。


実は、安土城以前にも櫓《やぐら》が高層化した城は伝わっており、天守第一号に関しては諸説あるのですが、安土城以外ではどれも具体的な遺構などが判明していませんから、この安土城が第一号と言ってもいいでしょう。当時は天守ではなく、「天主」と言っていました。

太田牛一が記した『信長公記』によると、この安土城では天主の最上階に信長が住んでいました。そして天主から見下ろす地点に、天皇の居所である清涼殿の構造をなぞった御殿が造られていた。ここはどうやら天皇を迎えるための施設だったのではないかと言われています。これらの建物は現存していませんが、室内は南蛮趣向に富み、豪華絢爛だったと伝わっています。

注目すべきは、やはり天主です。その天井には何とも不思議な天井画が描かれていたそうです。釈迦と十大弟子、竹林の七賢人など、中国やインドの歴史上の賢人がずらりと並んでいる真ん中に、天から降りてくる謎の天人の姿が。この天人が、いったい何者なのかがわかっていないのです。

でも、どう考えてもこれは信長本人でしょう。だって天皇の部屋は自分の部屋より下に造っているのです。いわば自分のほうが見下ろしているのですから、まず天皇ではない。僕がそう考えるのは、その頃すでに信長は「天下統一」の意思を公然と表明していたからです。

たとえば、岐阜城の「岐阜」という地名。永禄一〇（一五六七）年、美濃を制圧した信長は、稲葉山を「岐阜」と改名して本拠とし、岐阜城に移ります。

岐阜の「阜」はもともと丘の意味ですが、信長は中国古代王朝・周の創始者である文王の拠点「岐山《きざん》」にならったと言われています。つまり信長は「俺の新しい本拠は岐阜で、ここから天下に向けて進出していくのだ」という意思表明をしたのではないでしょうか。

また、この時期に信長が使い始めたのが「天下布武」という朱印です。天下布武とは、天下に武を布く、つまり自分の武力で天下を統一するという意味です。

さらに、あまり知られてはいませんが、信長は安土城に移ってから、二匹の龍が天下布武の字を囲む「下り龍天下布武」の朱印も用いるようになりました。

龍は皇帝のシンボルです。教養もあり、中国の歴史を知っていたはずの信長が、「龍=皇帝」を意識しなかったはずがありません。そんな朱印を使っている信長が造った天主の天井に描かれた謎の天人とは、やはり信長自身なのではないか。

また安土城を造った際、信長は城内に自身に代わる大石「盆山」を置き、これを御神体として礼拝するよう家臣や領民に命じたとフロイスは『日本史』に書いています。信長はもはや自分自身が神になろうとしていたのではないでしょうか。安土城内には「総見寺」、すなわち総《すべ》てを見ているという名称の寺も造っています。

なぜ越前の雄・朝倉を討ったか

そもそも、信長の言う「天下」とは何を指していたのでしょうか。実際に史料を調べると、「天下」という言葉はさまざまな使われ方をしています。

まず、天皇や将軍など「天下人」そのものを指すことがあります。

さらに「豊臣秀吉が天下に帰ってきた」という使い方があるように、「天下＝京」という用例もあります。もう少し範囲を広げた「天下＝畿内」という用例もある。畿内とは京に近い大和・河内・山城・摂津・和泉などの近隣地域のことです。だから信長の「天下布武」とは、「京を中心とする地域の支配」を指すという説を唱える研究者もいます。

そして「天下」は日本全国を指すという説もあります。実際、鎌倉時代以降は「天下」が日本全体を指している用例が見られます。

結局、信長がどういう意味で「天下」を使っていたのかは史料で明らかになってはいません。しかし信長が「天下布武」と言ったときには、やはり「日本列島」を指していたのではないか。彼の行動を見る限り、僕にはそう思えてならないのです。

たとえば、永禄一一（一五六八）年、信長は足利義昭を奉じて京都に入ります。上洛を成し遂げ、義昭を将軍に就けた信長ですが、この後に彼は何をしたでしょうか。

もし信長の目的が「京を中心とする地域の支配」だったのであれば、上洛後はまず畿内に兵を送るはずです。松永氏の大和（いまの奈良県）や畠山氏の河内（同・大阪府）などの近隣地域を確実に押さえようとするでしょう。

でも信長は、畿内を放っておいて、越前の朝倉氏を攻めるのです。

それまで朝倉氏が頻繁に上洛してきて政治的に脅かされていたなら、その戦略も納得できます。しかし、朝倉氏は越前統治で満足していて畿内には関与していませんでした。

また、もし畿内で米が収穫できないのであれば、穀倉地帯の越前を押さえて米倉にすることも考えられますが、畿内では米が取れました。しかも京は商業がもっとも栄えている土地でしたから、流通網も発達しています。

それなのに、上洛後にまず越前を攻めていることを考えれば、信長の指す天下とは、やはり京や畿内だけではなかったということでしょう。目指すべきは日本の統一。そのために、各地の有力大名を潰す機会は逃さない。それが織田信長の真意だったのです。

その戦略を、他と比べてみましょう。たとえば、後の関ヶ原の戦いのときの上杉軍です。

豊臣秀吉亡き後の慶長五（一六〇〇）年、徳川家康は上杉景勝の治める会津を討伐するため、会津に出征します。家康が畿内を留守にしたその隙に、石田《いしだ》三成《みつなり》や毛利《もうり》輝元《てるもと》、大谷《おおたに》吉継《よしつぐ》らが挙兵して関ヶ原の戦いが始まるわけですが、三成らの挙兵を知った徳川軍はただちに会津征伐を中止して畿内に戻ります。

そのとき、そもそも徳川を迎え撃つ立場にあった上杉軍はどうしたか。

合理的に考えれば、上杉軍は畿内に戻る徳川軍を背後から攻めるのが順当です。上杉軍が徳川軍の後ろから攻め、三成や毛利の軍と挟み撃ちにすれば、徳川軍に大きなダメージを与えられるはずです。

また当時は、秀吉の日本統一から一〇年が経っています。日本統一という認識が他の大名たちにも広まっていたとすれば、徳川が天下を取ったら、それに逆らった上杉が大変な事態に陥ることは容易に予想できたはずです。ならば、徳川に天下を取らせてはいけない。徳川を阻止すべきだ。上杉景勝がそう考えてもおかしくはありません。

でも、実際のところ上杉軍が何をしたのかというと、畿内に戻る徳川軍を放っておいて、北に向かい、自分たちの領地を増やすため最上氏の治める領地を攻めたのです。

徳川家康が新しい天下人になれば自分たちはすぐに潰されてしまうわけですから、新しい領地なんて増やしている場合じゃないだろうと思うのですが、上杉景勝はそうは考えませんでした。

その事実が示すのは、秀吉の天下統一から一〇年たってもなお多くの大名には群雄割拠の発想が深く根付いていたということです。もちろん単に上杉景勝の失策とも言えますが、当時、天下統一という発想は決してスタンダードなものではなかったのです。信長の新しさがいかに際立っていたかがわかります。

天皇制の二大危機

ところで、天皇家や朝廷と信長の関係性はどうだったのでしょうか。

日本史の研究者のなかには、天皇や将軍といった名称の付いたものをことさら重く見る方がいます。特に「将軍職や位階を授ける天皇家は、権力を失った後も権威として君臨し続けた」と主張する方は少なくありません。近年では、戦国時代に天皇が果たした役割を積極的に評価しようという動きもあります。

しかし、歴史を見る上で大切なことは、やはり「実態」を見ることだと思います。鎌倉時代後期から、特に承久の乱を契機として天皇の権力はみるみる衰退して限定的になっていきます。さらに武士が力を誇った戦国時代には、天皇家や将軍家の権威はもはや残滓《ざんし》と化し、弱体化していたことは、さまざまな史料から見ても明らかです。

この時代の天皇や朝廷は、もはや統治のための政治力も経済力も持ち得ませんでした。残っていたのは伝統と祭祀を行う権限のみです。また祭祀といっても、朝廷と密接な結びつきを持つ伊勢神宮すらすっかり荒れ果て、遷宮も行われなくなっていました。

平気で寺や僧を焼いた織田信長という人物が、神仏に権威を感じていたでしょうか。それはなかっただろうと僕は考えています。

いや、むしろ本能寺の変で信長が討たれなかったら、天皇家そのものがなくなっていた可能性すら否定できません。

信長は地球儀や地図を前にして、宣教師たちの話を聞いていたといいます。中国や朝鮮半島の歴史を学び、ヨーロッパからの宣教師と接触していた信長は、中国大陸やヨーロッパで王室や皇室がいくつも倒れていることを知っていたはずです。しかも、彼は神仏の祟りもまったく恐れていません。比叡山焼き討ちや石山本願寺壊滅を行った信長なら、天皇家を滅亡させたとしてもおかしくないのです。

客観的に見ても、この信長時代と太平洋戦争の敗戦後が、天皇制の二大危機の時期だったと言えます。

ただし、だからと言って当時の天皇や将軍の伝統的な威光がまったく意味を持たなかったということではありません。わずかに残った権威の残滓も、大名の領土を拡大するために政治的価値をもたらすことがありました。信長自身、天皇や室町将軍の威光を利用したこともあります。「有効であれば何でも使う」という合理性を持って、信長は天皇家と交渉していたと僕は考えています。

信長は、芸術や文化といった面にも新たな価値を見出し、それらを見事に活用しています。鎌倉時代後半から、茶の湯の世界では中国の茶器が愛好されていましたが、室町時代後半になると、茶器や「侘《わ》び茶」の世界が見直されるようになりました。信長も今井宗久《いまいそうきゅう》、津田宗及《つだそうぎゅう》それに千利休《せんのりきゅう》らを取り立てて侘び茶に親しみましたが、それによって侘び茶は一気にブームと化し、武士や知識人の間に広まることになりました。

信長の発想はさらに独創的でした。そうした茶の湯の名物道具を家臣への褒美として活用したのです。それ以前にも、足利義満や義政など名物道具のコレクターはいましたが、褒美として活用した人はいません。

信長の狙いは大成功。上級武士たちはこぞって名物道具を収集するようになりました。信長の配下の滝川一益などは、武田氏との戦いで武功を挙げて上野国などの領土を与えられた際に「国よりも、珠光ゆかりの茶入れ『小茄子』が欲しかった」と不満を漏らしたと言われています。武士が領地より「モノ」に価値を感じたのです。

芸術や文化をプロデュースし、単なる道具を大きな価値に転化して政治を動かした信長。この人の発想力は、やはりぶっ飛んでいました。

こういうことを一つひとつ見ていくと、「信長が普通の武将だった」という説には、やはり僕は違和感を覚えてしまうのです。

現代の僕たちは、その後の豊臣秀吉や徳川家康の天下統一を知っていますし、司馬遼太郎先生の『国盗り物語』のような小説の影響もあって、戦国大名というものは自分の国を足がかりにして日本統一を目指すのが普通であるかのように思っています。

でも、もっと俯瞰《ふかん》的《てき》に歴史を見てみましょう。歴史全体のなかに織田信長という人物を置いたとき、どんな位置付けになるのかということです。

信長の他に、総本山を焼き、万人の民を虐殺した人物がいたでしょうか（もちろん、これらの残虐行為にはまったく賛同できませんが）。

はじめて城に石垣を積み、天守を創造したのは誰でしょうか。家にしばられた思想から抜け出し、有能人材を見極め出世させることができた人は誰か。茶の湯を政治に取り入れ、武士の意識を変えた人は。何より、はじめて天下統一を目指したのは誰だったか。

源頼朝の鎌倉幕府も、後の室町幕府も、日本全国を統治してはいません。日本を一つにしようと考え、天下を目指した人物は、信長以前には誰もいないのです。

本能寺の変の動機を推理する

さて、いよいよ「本能寺の変」の謎に迫ります。

なぜ、明智光秀は信長を討ったのか？「邪馬台国はどこにあったのか？」「坂本龍馬《さかもとりょうま》の真の暗殺犯は誰か？」と合わせて、これは日本史上の三大疑問と言われています。

そもそも、明智光秀という人物の生誕や出身に関しては不明な点も多く、その前半生はよくわかっていませんが、美濃の明智城が生地だという説があります。そして斎藤義龍に攻められて明智城が落ちた後、越前の朝倉義景に仕え、その後、信長に仕えたとされています。

光秀は武将としての才覚に恵まれていました。第1章で武田信玄は信濃を完全制圧するまでに二〇年かかったと書きましたが、光秀はわずか四年で丹波を平定したのですから、卓出した才能を持っていたと言ってもいいでしょう。信長の家臣のなかでも、羽柴秀吉、柴田勝家《しばたかついえ》と並ぶトップ3で、信長の信頼も厚かった。そのために信長は光秀に対して無防備になり過ぎて、本能寺で討たれてしまうのですが。

当時の信頼できる史料を見る限り、信長と光秀の間には特別な確執は認められません。また、ルイス・フロイスの『日本史』では、光秀は残酷で、計略や策謀を得意とする人物であり、信長から寵愛を受けていたと書かれています。

実は、比叡山焼き討ちでもっとも功績を挙げたのが光秀でした。その功績が認められた光秀は信長によって秀吉よりも早く大名として取り立てられ、比叡山一帯の領地を与えられたのです。光秀はその地に坂本城を築城しますが、この城は信長の安土城に次いで豪壮華麗なものだったとフロイスは伝えています。

明智光秀像（東京大学史料編纂所所蔵模写）

つまり信長と光秀って、実はよく似ているのです。ともに頭がよく、武将の才に溢れた合理主義者だったのではないでしょうか。

では、「本能寺の変」の動機は、いったい何だったのか。

一般的には、信長を討って天下人になろうとしたという「野望説」や、ブラック上司である信長に恨みがあったという「怨恨説」、そのうちどうせ粛清されるから、いっそのことこっちから討ってしまえという「将来悲観説」など、諸説が唱えられています。

その他にも、実は光秀には黒幕がいたのだという陰謀論も多岐に渡ります。

たとえば、信長には天皇に取って代わる意思があると危機感を抱いた朝廷による「朝廷黒幕説」、信長に京を追われた足利義昭が幕府を再興しようとした「足利義昭黒幕説」、本能寺の変で結果的に得をした「羽柴秀吉黒幕説」、神になろうとする信長を討とうとした「イエズス会黒幕説」など。最近では、土佐の長曾我部元親との外交問題の紛糾を原因とする「四国出兵説」も浮上しています。

でも信長は、松永久秀や荒木村重など、光秀以前に部下から何度も裏切られていますが、彼らには黒幕などいませんでした。たまたま光秀の謀反が成功したために陰謀説が唱えられるようになりましたが、やはり光秀の行動に黒幕などいなかったのではないでしょうか。

僕はいまのところ、二つの可能性があると考えています。

まずは、突発的に謀反を起こしてしまったという可能性です。信長の主たる家臣がたまたま畿内を離れており、信長が無防備な状態で本能寺にいるという条件が揃っていて、「いまなら殺せるチャンスだ」と気づいてしまった。日頃の不満が溜まっていたかどうかはわかりませんが、案外、無計画に謀反を起こしてしまったのかもしれません。

もう一つ考えられるのは、光秀が群雄割拠の状態に戻ることを想定し、畿内を押さえようとした可能性です。先ほど、当時の大名には群雄割拠の発想が深く根付いていたことに触れましたが、光秀にしてみれば、信長を討ち取って畿内を固めることができたら、それなりの勢力になるわけです。当時、柴田勝家は北陸に、羽柴秀吉は中国に、滝川一益は関東にいましたから、光秀が畿内を制圧できれば力の均衡が取れます。光秀は同僚の大名たちと話し合いでもすれば、何とかなると思っていたのではないでしょうか。

光秀が信長を討って天下人になろうとしたという「野望説」によく挙げられる反論として、「智将であるはずの光秀が、こんな謀反で天下を取れると思うはずがない」というものがありますが、確かに光秀が信長に代わって新しい天下人を目指そうとしたら、他の大名が手を組んで一斉に阻止しようとしてくるわけですから、あまりに無謀です。そんなことを考えていたら、信長なんて怖くて討てません。でも、光秀が天下統一ではなく、とりあえず畿内の統治を目指していたと考えれば、この謀反もそれほど不自然とは言えないのです。

信長は部下の才能を最優先しましたが、光秀はその才能ゆえに大抜擢された代表例です。いまならば、光秀に千載一遇の機会が訪れたら、光秀にそれをためらう理由はありません。

なら生産性の高い畿内を押さえることができると踏んだから、光秀は信長を討った。真相は、意外とそういうことだったのではないでしょうか。

「是非に及ばず」の意味すること

軍記物語によれば、本能寺の変のときに光秀の側にいた重臣たちは、明智城が落城したときから一緒にいた者たちだったといいます。光秀と苦楽をともにしてきた人たちは、光秀から信長を討つことを告げられても反対しなかったのです。そして、最期まで光秀に付き従いました。軍記物語の話ですから確証はありませんが、そこから察するに、光秀は少なくとも家臣たちに対する接し方に優れていたようです。家臣たちにとっても、信長を討つことは不自然ではなかったということでしょう。

しかし信長討伐後、光秀は窮地に陥ります。秀吉が備中から予想以上に早く戻ってきたこと、そして細川幽斎や筒井順慶が味方についてくれなかったことが光秀の誤算でした。彼らが味方についてくれれば秀吉とも互角に戦えたはずですし、秀吉とそれなりに戦うことができれば、当然その後の動きも考えられたでしょうから。

結局、光秀は山崎の戦いで秀吉に敗れ去るのです。

■『偉人たちの健康診断』から一言■

太田牛一が書き残した『信長公記』は信長の生涯を詳細に綴っている。
信長の趣味が「舞と小唄」であること、短い袴をはき、茶筅《ちゃせん》のような髷《まげ》を黄緑や赤い糸で巻いていることなども こと細かく記録している。
そこには、信長が生涯で二度、鉄砲によるかすり傷を負ったこと以外に、病気や怪我をした記述は見られない。信長は生涯、健康だった——。

謀反を起こしたのが光秀であると知ったとき、信長が発したのは、「是非に及ばず(仕方がない)」の一言でした(『信長公記』)。

信長からすれば、光秀は自分が取り立てて育ててやった部下です。光秀を信頼していたからこそ、殺されるような隙を見せてしまったのです。

それ以前には、才能を見込んで取り立ててやった荒木村重にも裏切られ、二度も許してやった松永久秀にも裏切られ、最後の最後に、もっとも信頼を寄せていた光秀に裏切られた。

俺がこれだけ信頼していた光秀に裏切られるなら、もう仕方がない。

信長の「是非に及ばず」には、そんな思いが込められていたのではないでしょうか。

確かに、信長は生涯、大病や怪我をせず、健康だったようです。

でも、改革者は暗殺されるもの。それが世の常です。

仮に信長が本能寺を切り抜けていたとしても、「光秀まで俺を狙うのか」と疑心暗鬼になり、ますます専制的になって多くの人の恨みを買い、結局、畳の上では安らかに死ねなかったのではないか。どうもそんな気がしてならないのです。

次から次へと家臣に裏切られた信長。

信頼していた光秀でさえ、圧倒的に時代の先を見ていた信長の思想についていけず、群雄割拠という古いデフォルトの状態に戻そうとした。つまり「本能寺の変」とは社会システムを変革しようとする者に対する反発であり、反動だった――そう捉えることもできるかもしれません。

第3章

豹変したハゲネズミ

——豊臣秀吉

針を売り歩いた幼少期

織田信長が明智光秀の謀反に討たれた本能寺の変を知るやいなや、羽柴（豊臣）秀吉は遠征先の備中高松城から驚きの速さで戻り、わずか一一日後に山崎の戦いで光秀を討ち取りました。

秀吉の出自に関しては、諸説あります。

江戸時代に土屋知貞という人物が筆録した『太閤素生記』によれば、八歳のときに父が亡くなった秀吉は遺産として与えられた一貫文で針を買い、その針を売り歩きながら東方へ流れてゆき、浜松のあたりで今川氏配下の飯尾氏の家臣、松下加兵衛に奉公したといいます。僕の師匠の石井進先生は、市場に出ていた針は「河原の者」が拾い取っていたという別の史料の記述も引きながら、当時、針を売る仕事は差別を受ける階層の一つだったのではないかと推測しています。実際、秀吉のいた東海地方でどうだったかは明らかではありませんが、その可能性はあったかもしれません。

とにかく秀吉は、自身の貧しい生い立ちをものともせず、武士を目指しました。その時代は江戸時代ほど明確な身分制度のある社会ではなく、天皇や公家が頂点にいて、その下に貴族、武士、さらにその下に庶民がいるという、ざっくりした社会構造だったのです。

朝廷に仕える者は世襲貴族に限定されており、中国などで行われていた科挙（官僚になるための試験）のような制度もありませんでしたから、武士や庶民から公家になることは不可能でした。でも、武士は違います。武家に生まれなくとも武士になることはできました。普段は農村で働く農民が合戦のときに武士とともに戦い、そのなかで武功を挙げた者が本物の武士になっていくこともあったようです。

ただし、貧しい育ちであれば体格も良くないでしょうし、武芸や学業の修練を積んでいるわけでもありません。のし上がるには、相当の働きが必要です。

また当時の大名は「家」に対するこだわりが非常に強く、どの国でも出自のわからない者は、武士になることはできても出世はできませんでした。

そうしたこだわりを持たず、実力主義で人材を登用した唯一の武将が織田信長です。だからこそ秀吉や明智光秀のように氏素性のはっきりしない人が出世できたことは前に触れましたが、特に貧しい庶民だった秀吉は実力だけで這い上がっていく必要があったのです。

実は、徳川家康という人は剣の達人でした。でも秀吉に関しては、槍働きが上手だとか、武芸に優れているといった話は聞いたことがありません。体格も貧弱です。では、何を売りにしたのか。

やはり、ずば抜けていたのは頭の良さでしょう。そして、それにとどまらず、自分の持てるすべてを手段と化したのが秀吉という男です。秀吉は、その場その場で結果を出してきました。「現場感覚」に優れていた人だったのでしょう。

■『偉人たちの健康診断』から一言■

最新研究によると、豊臣秀吉の身長は一四〇センチ程で当時でも小柄だったという。

宣教師ルイス・フロイスはその容貌について、このように書き残している。

「身長が低く、また醜悪な容貌の持ち主で（略）、目が飛び出ていた」

尾張・中村の農家に生まれたこの人物は、

その後、木下藤吉郎と名乗って今川氏の家臣、松下加兵衛につかえ、

一八歳頃、織田信長に取り立てられて家来となったと伝わっている。

秀吉と言えば、公家の白い衣服を着て頭に唐冠と呼ばれる古代中国の被り物をのせ、右手に扇を持つ有名な絵がありますね。

この絵の下側に「これかよくに（似）申よしきいて候」（これはよく似ている）と書かれているので、実際に秀吉はあのような顔をしていたのでしょう。確かに、痩せぎすで目がギョロッとしていて、とてもイケメンと言える容貌ではない。また、大きめの装束を身に付けて、小柄な自分を実際より大きく見せようとしている様子も窺えます。

秀吉はよく「猿」と形容されますが、信長はさらに酷いあだ名で呼んでいたようです。秀吉の正室・おねは秀吉の女性関係に悩んでいました。するとあるとき、主君の信長がそのおねを気遣ってこんな手紙を送ってやるのです。

豊臣秀吉像（東京大学史料編纂所所蔵模写）

「あのハゲネズミには、そなたのように素晴らしい女性を二度と見つけることなどできないのだから、そなたも奥方らしく堂々として、焼き餅など焼かないように……。この手紙は秀吉にも見せてやりなさい」

信長からこんなふうに言われた秀吉で

すが、若い頃は何をされても怒ることなく、陽気で明るい性格だったと言われています。後に徳川家康は秀吉のことを「堪忍強かりける」（辛抱強い）と評していますが、信長から「ハゲネズミ」と呼ばれても、周囲から「猿」と蔑まれても、きっと怒ることなく喜んで従っていたのではないでしょうか。

秀吉は自分の性格もうまく使っています。いまで言えば、自分のキャラを使いこなしているわけです。よく人たらしの天才などと言われますが、話術で人を動かすだけでなく、常に機転を利かせて相手の懐に飛び込み、いつの間にか可愛がられている。そんな一面があったのではないでしょうか。

誰からも嫉妬されない男

たとえば、秀吉は信長家臣団の先輩であった柴田勝家と丹羽長秀《にわながひで》の「柴」と「羽」の字をもらって、名を「木下秀吉」から「羽柴秀吉」に変えています。おべっかというか、明らかに見え透いたゴマをするわけです。周囲からは「そんなゴマをするなんて、秀吉はバカな奴だ」と言われるでしょうが、そんなことは気にしません。出世のためにはプライドも捨てる。いや、秀吉はあえてそういうことをしていたのでしょう。ゴマすりも、徹底してやれば立派な処世術になることがわかっていた。

信長に対しても、秀吉は「私は海の向こうの中国（明）に攻め込みますから、殿の日本統一が実現したら、中国の領地をいただきたい」と大ボラを吹いて、毛利氏の勢力下にあった中国地方の平定を任されています。

その時期の信長は天下統一を目前にしていました。天下統一が終われば、大きな功績を立てた者は粛清されてしまう危険がある。そんな時期に、こんな際どいことをあえて口に出して信長の気を惹くのがまた秀吉らしいところです。

低い身分の出身でありながら信長に取り立てられて出世していった秀吉は、普通であれば周りから嫉妬され、蹴落とされたはず。男の嫉妬って、実は結構激しいですからね。

でも秀吉は、その見た目やキャラクターをむしろうまく使って、絶妙に「嫉妬されないポジション」を手に入れていたのです。

こうした人情の機微は、信長や家康にはなかったでしょう。信長・秀吉・家康の三人はよく比較されますが、信長と家康は、幼少時から大きくなったら殿になって人の上に立つという意識を持っていたはずです。たとえ小国であっても、生まれながらに「若君様」と周りからペコペコされて育ったこの二人と、貧しい庶民の子として生まれ育ち、自力で武士という立場を摑み取った秀吉。

その精神構造はまったく違っていたのではないでしょうか。

秀吉にはバカを平気で演じられる知性、そして下から叩き上げた人間の持つしたたかさがあった。自分の性格や容姿さえも武器にして、周囲の人の懐に飛び込んでいった秀吉は、信長の下でどんどん出世していくのです。

「三木の干し殺し」

実力主義で部下を取り立てた信長は、現場できちんと力を発揮できるかどうかを重視していました。この時代で言う現場とは、戦場です。

たとえば、蒲生氏郷《がもううじさと》という武将がいます。当時、信長の周りには人質として預けられる子どもが多数いましたが、その中には「こいつは、明らかに他の子とはモノが違う」と思わせる子もいた。それが少年時代の蒲生氏郷でした。

スパルタ気質の信長ですから、当然、その子たちを乳母日傘《おんばひがさ》では育てることはせず、戦いに連れていって戦わせます。氏郷は伊勢国の大河内城攻めで初陣を果たしますが、弱冠一四歳ながら敵の首を取ってきた。それを見た信長は非常に感心し、自分の娘（二女の冬姫）の婿にすることを決めたと言われています。

また前田利家も、敵の首を取って信長に激賞されています。短気で暴れ者だった利家は諍いをしていた茶坊主の拾阿弥《じゅうあみ》を惨殺して信長の怒りに触れ、一度は追放されますが、独断で桶狭間の戦いに参加して敵の首を三つ取り、美濃の攻略でも首を取ったことで、ようやく信長に許されるのです。

信長が見ていたのは、戦場できちんと人を殺せるかどうかでした。

それは刀や槍の技術云々ということではなく、事に臨んで冷静に対処できるか、大事な場面で自分の能力を発揮できる覚悟があるか、さらに言えば武運を持っているかどうかということでしょう。現場でビビってしまって冷静に判断できないようでは、大将の器とは言えないのです。

秀吉も、信長に大将としての力が認められました。

元亀元（一五七〇）年に信長が越前の朝倉義景を攻撃した際、同盟関係を結んでいた浅井家に裏切られ、信長軍は挟み撃ちされることになります。そのとき、秀吉、光秀、池田勝正の三人が殿《しんがり》を務めたことで信長は無事に帰還することができたのです。殿は体を張って味方を守るわけですから、死ぬ覚悟がなければできません。九死に一生を得た信長は、このとき秀吉の力を認め、貢献を称えて褒美を与えたとされています。

秀吉は企画立案力や実行力などに秀でていますが、とにかく発想力に優れていました。たとえば、織田軍の配下として三木城や鳥取城を攻略する際には、秀吉はまず敵の兵糧ルートを攻撃して城への食糧の搬入を阻止しています。さらに商人を送り込んで付近の農家から米を買い占めて城に回せる食糧をなくし、近くの農民を城に追いやって城内の飢餓状態をさらに悪化させたのです。こうしてさまざまな兵糧攻めのプランを練って敵をじわじわと弱らせた結果、城内では餓死者が続出して、見事に降伏。

「三木の干し殺し」「鳥取の飢え殺し」と呼ばれた、これらの作戦を秀吉が立てたのは、もちろん戦闘を回避しようという優しさからではありません。むしろその逆。城兵を飢餓状態に追い込んで苦しめるという残虐な作戦は、自分の兵を消耗させないためでした。通常、城を落とすには敵の城兵の三倍の数が必要だと言われます。激しい戦いで損失を出さないために、相手がどうしたら音を上げるかをよく考えていたのです。損得の勘定ができる秀吉は、非常に「コスパ感覚」に優れていたと言えるでしょう。

また秀吉は、水攻めも巧みに行いました。備中高松城を攻めた際には、城の周りに土手を築き、川の水を注ぎ込んで城を水の中に孤立させてしまいました。

秀吉は、こうしたことをよく行っています。自分たちの陣地に土を掘って空堀や土塁をつくり、自分たちの拠点を城郭化するのです。戦いというより、もはや土木工事。

また秀吉は「中国大返し」や、賤《しず》ヶ《が》岳《たけ》の戦いによる大垣からの逆転攻勢など、見事な行軍でも知られています。

福島正則（左）と加藤清正像（いずれも東京大学史料編纂所所蔵模写）

秀吉はこうした土木技術や兵站《へいたん》能力、新兵器などを実に効果的に使って戦いました。よく信長が戦い方を変えたと言われますが、さらにそれを変えたのが秀吉です。この時代の戦いには、もはや局地的な戦術のみならず、総合的な力が求められるようになっていったのです。

その秀吉が自分の部下を取り立てるときにも、そうした力を持つ者かを見ていました。

柴田勝家と戦った賤ヶ岳の戦いでは「賤ヶ岳の七本槍」と呼ばれる七人の若武者が活躍しますが、秀吉は彼らに三〇〇〇石ずつ褒美を与えたと言われています。家康などは一つの戦いで武功を挙げても一〇〇石くらいしか与えませんでしたから、三〇〇〇石というのは破格です。

武家出身でない秀吉には、古くから仕えていた家来がいないために、「俺のところにはこんな優秀な奴がいるぞ。俺のところに来たら、こんなに褒美を与えるぞ」と大枚をはたいてアピールしたわけです。その七人の中では、その後に出世した人としなかった人がいますが、秀吉のお眼鏡にかなって出世したのが、加藤清正《かとうきよまさ》、福島正則《ふくしままさのり》、加藤嘉明《かとうよしあき》の三人でした。

歴史小説やドラマなどでは、加藤清正と福島正則の二人はよく武闘派のような描かれ方をしますが、実際はそんなことはなく、きちんと実務のできる武将でした。企画立案から実行に至るまで、総合的に物事を考えられる人でなければ、数万人規模の軍隊を任せられないからです。

この時代の武将には、部下を束ねる政治力や損得を考慮する計算能力、領地を治める経営力なども問われるようになりました。その過程で石田三成のような武将も活躍していくわけですが、それについてはまた次章で触れます。

秀吉の抱えていた闇

■『偉人たちの健康診断』から一言■

明智光秀を討ち、清洲会議で実質的に力を握った秀吉は、紀伊、四国、九州など各地を平定、天下統一への道を駆け上がる。

しかし、若い頃は明るく誰にでも好かれていた秀吉の性格は、天下人となってからは、別人のように豹変したと言われる。

近年発見された秀吉の手紙では、こう家臣を脅している。

「信長の時代のように多少のことは許されると思っていると、そうはいかぬぞ！」

秀吉が築いた聚楽第《じゅらくてい》の壁に落書きが見つかったときには、警備の者十数名を殺し、磔《はりつけ》にしたという。

犯人を匿《かくま》った寺のある町の町民も、無関係なのに皆殺し。

他にも千利休を切腹させ、甥で関白の秀次も切腹、その妻子たちも全員処刑。

陽気で明るかった秀吉がこれほど怒りっぽくなった原因は、加齢によって怒りを抑える前頭葉の働きが衰えたためではないかと思われる。

また、ライフスタイルの変化や豪勢な食生活に変わったことで、「幸せホルモン」と呼ばれるセロトニンが不足したことも一因と考えられる。

出世したことで食生活やライフスタイルが変わり、加齢による衰えも加わって、性格が豹変した。もちろん、それも考えられるでしょう。

でも僕は、秀吉の天性の明るさや陽気さを信じません。それらは出世のために演出されたものだった。だから天下を取り、他人にそれを演じる必要がなくなったとき、秀吉本来の「地」が出てきたのだ。そう考えます。

「殿、あんまりでございます」

天下を取る前から、秀吉の「地」はすでにちらほら顔を出していました。

たとえば、名前に一字をもらった柴田勝家とは、その四年後、一緒に上杉謙信と戦うわけですが（手取川の戦い）、秀吉は大将だった勝家と作戦のことで言い争い、「お前なんかの指揮下にいられるか」と歯向かって帰ってしまうのです。戦線離脱したのですから、もう完全に軍令違反。結局、勝家は謙信に敗れてしまいます。そのときの秀吉は大先輩に逆らってい わば絶交するところまでいっているわけです。結局、秀吉は名前をもらってから一〇年後に、賤ヶ岳の戦いで勝家を滅ぼして自害させるのですが。

前出の三木城の戦いや鳥取城の戦い同様に、秀吉の陰湿さや残虐さをよく表すエピソードとして、上月《こうづき》城の戦いなどで秀吉が非戦闘員の女子どもを含めて皆殺しにしたこともよく知られています。

そんな秀吉の恐ろしさは、天下統一を成し遂げた後、さらに表出してきます。聚楽第の落書き事件などはその代表的な例ですが、太閤検地の際も、検地に応じない農民は「なで切り」、つまり皆殺しにしたといいます。日本史上でもっとも大量の虐殺をしたのは信長ですが、秀吉もまた、無辜《むこ》の民の殺戮《さつりく》を苦もなく命じられる人物でした。

茶人の山上宗二《やまのうえそうじ》や千利休を自害させただけでなく、一度は跡継ぎに考えていた甥の秀次も、秀頼が生まれると我が子可愛さゆえに自刃に追い込み、その妻と子どもたち三九人もの人々を河原で処刑しています。

自身の力だけで這い上がった秀吉はまた、極端な実力主義者でもありました。

天正一〇（一五八二）年の清洲会議では信長亡き後の後継問題が話し合われましたが、信長の孫である三法師を後継者として推した秀吉を一貫して支持してくれたのが、信長の家臣団で同僚であった丹羽長秀でした。そのため秀吉は自分が天下人になったとき、恩義のある長秀に一〇〇万石ほどの大きな領地を与えたと言われています。

でもその長秀が死ぬと、秀吉はすぐ丹羽家から領地と家臣を取り上げてしまうのです。息子の丹羽長重に残されたのは、わずか一二万石。槍の名人の上田宗箇《うえだそうこ》はじめ、優秀な家臣もすべて秀吉に取り上げられてしまいました。領地を取り上げられるわ、家臣も取られるわ……丹羽家もたまったものではありませんよね。

さらにひどかったのは前出の蒲生氏郷です。氏郷の優秀さは秀吉も認めていて、生前は九〇万石という領地を与えていました。ところが氏郷が四〇歳のときに胃がんで亡くなると、息子の秀行には器量がないという理由で領地を取り上げ、一二万石しか残さないというのです。そのとき「殿、それはあんまりでございます」と言って取りなしたのが石田三成です。それでいったんその話はなくなりますが、結局、その後で一八万石に減らされてしまいます。

資格のない者に所領は与えない。能力のない人間など、認めない。

日本史上、もっとも実力主義を偏重したのは秀吉だったのではないでしょうか。もしかしたら、信長よりも恐ろしいかもしれません。

家柄や門地という庇護もない。財産も人脈もない。身体も小柄で貧弱。槍働きができるわけでもない。そんな秀吉が、本来いるべきでない場に潜り込み、自分の頭だけを使ってしたたかに生き残り、誰よりも出世していったのです。そこにはきっと、凡人には想像できないほどの辛酸があったのでしょう。だからこそ、能力のない者にはことさら厳しくあたり、地位を得たときにはその裏にある激しさ、暗さが噴出した。その心底には、相当深いコンプレックスがあったのではないでしょうか。

それは、秀吉が選ぶ女性たちにもよく表れています。武士出身でない秀吉は男色を嗜まなかったそうですが、秀吉は正室のおね以外に大勢の女性を愛したと言われています。

江戸時代に書かれた『伊達世臣家譜』によれば、そのなかで秀吉の正式な側室になった女性は一六人。そのうち名前が書かれているのが、以下の六人です。

淀君（浅井長政と信長の妹であるお市の方の娘）、三の丸殿（信長の娘）、姫路殿（織田信《おだのぶ》包《かね》の娘。信包は信長の弟）、松の丸殿（京極高吉の娘）、三条殿（蒲生氏郷のきょうだい）、加賀殿（前田利家の娘）……どの女性も身分の高い武家出身のお嬢様です。しかも信長の縁故の女性が三人も。秀吉は、織田家ブランドのお姫様が大好きだったのですね。

そしてこれだけの数の女性がいながら、なぜか公家出身の女性は一人も見当たりません。実力主義者だった秀吉は、関白・太政大臣に就くなど朝廷での位置は占めたけれど、権力も経済力も失っていた公家には本当は興味を持っていなかったのではないか。秀吉の女性選びを見ると、そう思わざるを得ません。

また、秀吉はとにかく華やかなことを好み、大量の黄金によって自らを演出したという説があります。黄金に輝く大坂城。豪華絢爛な聚楽第。京都の醍醐寺で開いたという盛大な花見の宴。壁や天井、柱などすべてを金張りにした黄金の茶室では、茶具もすべて黄金のものが使われました。

それらは、物の量と質で他者を圧倒し、自己の存在を主張するための秀吉のパフォーマンスだった、というのです。興味深い説であると同時に、秀吉のコンプレックスの深さも表しているように思えてなりません。

朝鮮出兵の後遺症

■『偉人たちの健康診断』から一言■

慶長三（一五九八）年五月、醍醐の花見の後、体調を崩した秀吉は病床についた。下痢や胃痛などの病状が悪化していき、一時は錯乱状態にも陥ったという。正気には戻ったが体調は回復せず、ついに八月一八日この世を去る。六二歳だった。

これまで、その病状から消化器系のがんが疑われてきたが、医師の若林利光先生は、秀吉の死因は「脚気《かっけ》」ではないかという。

脚気になると、全身倦怠感や筋肉痛や手足の痺れ、下痢の症状が出てくる。さらに進行すると、心臓が侵され、動悸や呼吸困難、みぞおちの痛みが見られる。脚気の中期から末期になると、「ウェルニッケ脳症」が引き起こされ、一時的に錯乱したり正常に戻ったりすることもあるという。

麦などに含まれるビタミンB_1不足が原因だという脚気。

当時は「大坂腫れ」「江戸患い」などと呼ばれるほど、一般的な病気だった。

「わしは貧しかった頃、麦飯に水をかけて食べていた。いまは美食をしているが、どんな料理も、麦飯のうまさにはかなわない」

晩年、秀吉は家臣の一人にしみじみそう語っていたという。


信長の意思を引き継ぎ、見事に天下を勝ち取った秀吉でしたが、その晩年には陰りが見え始めます。

実際に秀吉の命を奪ったのは、若林医師が指摘されるように脚気だったのかもしれませんね。当時、脚気は国民病と言えるほど一般的な病でしたし、秀吉の症状から見ても腑に落ちる説です。

一方、豊臣政権の命取りとなったのは、二度にわたる朝鮮半島への出兵（文禄・慶長の役）でした。

加藤清正や福島正則、宇喜多秀家《うきたひでいえ》、小西行長《こにしゆきなが》、鍋島直茂《なべしまなおしげ》ら有数の武将たちが朝鮮半島で十数万の兵を率いて果敢に戦いましたが、その海外遠征は大失敗に終わります。長期にわたる戦いで多数の死傷者が出たばかりか、兵站も不足し、現地では大がかりな略奪も行われました。戦いに参加した人々は疲弊し、混乱に陥ります。日本側の損害については諸説ありますが、ルイス・フロイスの『日本史』によれば、日本側の一五万人のうち死者は五万人ほど、そのほとんどは過労死や餓死、凍死、病死だったと言います。

豊臣政権にとっては莫大な損害を出しただけでなく、新しい領土を手に入れられなかったことも致命的でした。この敗戦がきっかけとなって武士たちの憤懣が爆発し、秀吉政権から大名の心も離れていくのです。

結果的にはこのことが徳川家康の勢力拡大へ、そして天下を分ける関ヶ原へとつながっていくわけですが、その家康への処遇もまた豊臣政権の命取りになりました。

ときは遡り、朝鮮出兵二年前の天正一八（一五九〇）年。秀吉は小田原城で北条氏を攻め落とし、その後、京都や大坂を中心とした中央政権を樹立します。秀吉はその際、最大のライバルだった家康を、北条氏の領土であった関東に移すのです。それまでの家康の所領は三河・遠江・駿河・甲斐の約一五〇万石でしたが、新たに移された関東の領地は二五〇万石。

豊臣家の直轄領はすべて合わせても二二〇万石ほどですから、それをはるかに上回る領地でした。秀吉はなぜ、家康にそれほどまでに大きな領地を与えたのでしょうか。

重要なのは、その場所です。当時の関東は「鄙《ひな》」、つまりド田舎でした。領地がいくら広くても、中央から遠く離れた田舎に封じ込めてしまえば、家康の勢力を縮小することができる。秀吉はそう考えたのではないでしょうか。

しかし、秀吉の思惑は外れ、関東に移った家康はそこで着々と地盤を固めていきます。そして関東を中心とした政権を構想していくのです。

後に江戸幕府を創設した家康は、政治の重心を西から東へ移し、それまでほとんど手つかずであった東北地方の開発に乗り出します。そのために関東・東北地方の米の生産量は江戸時代に入ると急速に伸びていき、内需拡大により国は豊かになっていきます。家康は源頼朝がつくり上げた鎌倉幕府にその構想を学びましたが、海外への進出には消極的で内需拡大に邁進したのは、秀吉の失策から学んだためでしょう。秀吉の海外進出の失敗が、江戸幕府の鎖国と繁栄につながった。僕はそう考えています。

ともあれ、秀吉が家康を生かしておいてしまったのが豊臣政権の運の尽きでした。結果論になりますが、このときに秀吉が渾身の力を振り絞って家康を攻め、その息の根を止めておけば、その後に天下を取られることはなかったでしょう。

でも、中央から離れた田舎に家康を追いやったことで、コスパを重視する秀吉は「これで大丈夫だ」と安心してしまった。いざとなったら天皇の権威を使うなり、いろいろな手が打てると踏んでいたのではないでしょうか。

自分の死後に幼い息子の秀頼でも政権がうまく回るように、緻密な支配体制を構築できなかったことも、秀吉の詰めの甘さと言えます。古代中国でも幼年者の王をバックアップして政権を維持していった例はありましたから、秀吉がそれに学び、政権を続ける方法はあったはずです。

とは言っても、当時の豊臣政権がずっと安泰でいられたかというと、それも疑問です。家康でなくても、それに代わる誰かが豊臣政権を潰そうとしたのではないか。その根は、やはり朝鮮出兵です。その失敗によって豊臣家は人心を失い、もはや統治することが不可能になっていた。このときすでに豊臣政権は実質的に崩壊していたと見るべきです。

それでもなお次代の秀頼のことを考えるなら、家康という最大のリスクは真っ先に潰しておくべきでした。頭のいい秀吉がなぜ家康をそのままにしておいたのか、僕はいまだによくわかりません。朝鮮出兵といい、家康の処遇といい、支配体制の不備といい、秀吉といえども天下を取った後には慢心が出てきたということでしょうか。

そもそも秀吉という人は、現場の課題を解決することに長けた人でした。与えられた課題をいち早く、より効率的に達成する。ときには支配者である信長の真意を汲み取り、その先に与えられるはずの課題まで見据えているくらいのこともあったでしょう。だから秀吉は、信長を殺した光秀を討ち、信長の意思を継いで天下を統一するという明確な目的があるときは、それをうまくこなすことができた。しかし、所与の目的がなくなったときには、秀吉は自らの命運を切り開いていくことはできなかった。そう言えるかもしれません。

淀君は毒親か

■『偉人たちの健康診断』から一言■

淀殿像（養源院蔵、東京大学史料編纂所所蔵模写）

かつて人たらしと言われた秀吉だが、理不尽な怒りに身をまかせ、ただでさえ少ない血縁者や腹心の部下を殺していったために、家臣たちの心も離れ、晩年は孤立していった。さらに病状が進むと、被害妄想と怒りで正気を失うこともしばしばあった。

死の三ヵ月前、息子の秀頼に宛てた手紙では、「秀頼の気にくわない侍女四人を一つの縄で縛って、殺してあげるからね」と、六歳の息子のわがままに対して、残酷な仕打ちを命じる秀吉の姿が見られる。死の間際にはまた正常に戻り、自分亡き後の豊臣家を心配して大名たちを集め、秀頼の将来を託したという。

その晩年は、贅沢な金品に囲まれながらも孤独に満ちたものだった。

信長が死んで天下を取った後、秀吉は信長の姪の茶々（淀君）を側室にします。前述の通

豊臣秀頼像（養源院蔵、東京大学史料編纂所所蔵模写）

り、秀吉の側室は一六人ほどいたと言われていますが、そのなかで秀吉の子を生んだのは淀君だけ。最初の子の鶴松は三歳で夭折《ようせつ》してしまいますが、その二年後に淀君は再び秀吉の子・秀頼を生みます。秀吉五七歳のときでした。

だけど、そんなことってあるのでしょうか。僕は妊娠や出産に関しては専門外ですから、複数の産婦人科医に尋ねてみました。

秀吉は数多くの女性と関係を持ったけれど、誰にも子どもはできなかった。淀君だけがうまい具合に二人の男子を生んで世継ぎができた。身体の相性が良ければ、こんな幸運なことも起きるのでしょうか――？

答えは、皆さん同じでした。たくさんの女性が妊娠しなかったのに、淀君だけが秀吉の子を授かる確率はまず奇跡的な数字になる。そして、その子が夭折した後にもう一人の男子を授かる確率は、さらに天文学的な数字になる。つまり医学的に考えたら、秀頼は秀吉の子どもではない可能性がきわめて高い、と。まあ、そうでしょうね。

しかし日本の歴史上、もっとも大切なのは「血」ではなく「家の継承」なのです。まして や天下人である秀吉が「この子はわしの子だ。豊臣政権の後継者である」と宣言したら、そ れに異を唱えられる人は誰もいないのです。

秀吉は幼い秀頼の将来を心配しながら亡くなるわけですが、その後、秀吉の家臣団は分裂 し、二年後には関ヶ原の戦いが起こります。西軍は家康の東軍に敗れ、豊臣家の二二〇万石 の領地は六〇万石に減らされてしまいました。

江戸幕府ができた後には、さまざまな条件をつけて干渉してくる家康に従わなかったた め、ついに慶長二〇（一六一五）年、豊臣家は大坂夏の陣で滅ぼされるのです。

秀吉の存命中から求心力を失っていた豊臣家でしたが、なぜ、こんな末路をたどることに なったのか。それはやはり、秀頼をうまく守り立てることができなかったからでしょう。

たとえば、もしも秀頼が関ヶ原の戦いに出陣していたら。

石田三成や毛利輝元などの武将に抱っこされてでも関ヶ原に出馬していれば、東軍にいた 福島正則や黒田《くろだ》長政《ながまさ》など豊臣恩顧の大名たちは、とてもそちらに向かって弓を引くことはで きなかったでしょう。もしかしたら西軍に寝返っていたかもしれない。家康は関ヶ原で勝て なかった可能性もあります。

それなのに、なぜ秀頼は出陣しなかったのか。

「戦なんて危ない」と淀君が止めたからです。僕は淀君という女性は典型的な毒親だと思いますが、戦について何もわかっていないばかりか、子離れもできていませんでした。

通常の家では、女性の序列は側室より正室のほうが圧倒的に優位です。しかし豊臣家では、唯一の跡取りを生んだ淀君が実権を握りました。言ってみれば、側室の淀君は秀頼のおかげで正室のおねとの女の戦いに勝ち、権力を握ることができたのです。だから秀頼を大切にしたいという気持ちもわかりますが、そのやり方がまず過ぎた。

ちなみに、淀君が秀頼を外に出そうとしなかったのは、実は秀頼が秀吉にまったく似ていなかったからだという説があります。当時から「秀頼様は大野治長《おおのはるなが》殿の子どもではないか」という噂があったのです。もしこれが当たっていて、しかも秀頼の顔が大野治長そっくりだったら……まあ、外には出せないですよね。

いやいや実際には、秀頼は大坂の陣の前に二条城で家康と会見していますから、これはさすがに珍説の域を出ません。

ただし、秀頼は一四年後の大坂の陣でも出陣していないのです。総大将の秀頼が出陣すれば兵士の士気が上がるのは当然です。むしろこの戦いで出ていかなかったら、豊臣家に対する忠誠心は薄れ、戦意は失われるでしょう。豊臣家滅亡を前にした危機的な状況にもかかわらず、秀頼は最後まで出陣していない。やはり秀頼様には何かあるのではないか……そんな憶測を招いても仕方のないところです。

貧しい庶民の子として生まれ、知恵と努力で絶大な権力を手に入れた天下人・豊臣秀吉は、病床で秀頼を案じながら、波瀾に満ちた生涯を終えました。

秀吉は、口では秀頼のことを懸念しつつ、案外この先どうなるかも見えていたのかもしれない。僕にはそんな気もするのです。

第4章

「豊臣最高の能吏」の人間力

——石田三成

遺骨から復元された顔

豊臣秀吉の天下統一を支える能吏として大出世した石田三成。その墓は、京都の大徳寺の三玄院に現存しています。

明治四〇（一九〇七）年にお墓を動かした際には三成の遺骨が出てきて、その頭蓋骨をもとに復顔もされました。

さて、その顔とはいかなるものか!?

……はい、僕の個人的な感想では、フツーの「おじさん顔」。三成びいきの女性ファンの皆さんからはひがみと怒られそうですが、お世辞にもイケメンという感じではありません。

身長は一五六センチほどで、どちらかというと華奢なタイプだったようです。軍事よりも内政や事務処理に優れていた三成でしたから、それも頷けます。

三成は一五歳（一説には一三歳とも）で秀吉に仕えて以来、ひたすら豊臣家に忠節を尽くしました。

庶民出身の秀吉には、他の大名のようにもともとの家臣団がいなかったため、自ら前途有

遺骨から復顔された石田三成（石田多加幸氏所蔵）

望な少年たちを召し抱える必要がありました。

秀吉は朝倉義景・浅井長政との戦いで功績を挙げて長浜城の城主となりますが、中国攻めなどで各地を転戦していますから、長浜城に腰を据えることはありませんでした。その間、長浜城を統治していたのが、秀吉の正室・おね（北政所《きたのまんどころ》）です。

秀吉の不在中、政治や経済を回すのもおねなら、少年たちの母親代わりとなって面倒を見るのも、おねの役割。長浜城の女城主と言ってもいいでしょう。この時代にも実質的に優れた統治能力を発揮する女性もいたのです。

こういう少年たちが育って加藤清正になり、福島正則になり、加藤嘉明になり、黒田長政になるわけですが、彼らはその後も北政所へ挨拶を欠かさなかったそうです。また第3章で信長がおねに手紙を送ったことに触れましたが、あの厳しい信長が「そなたのように素晴らしい女性は他にいない」と認めているのです。それほどの人物だったのでしょう。

ともかく、こうした子飼いの家臣団のなかに石田三成もいました。三成は清正や正則らと同じところで育ったわけですね。

　三成にはこんな逸話も残っています。あるとき、安芸《あき》国の毛利輝元が秀吉へ貢物として季節外れの桃を贈ってきました。いまでも季節外れの桃は値段が高いですが、輝元も希少で贅沢な品を贈って秀吉を喜ばせるつもりだったのでしょう。

　その秀吉への取次をしていたのが三成でした。しかし三成は、輝元にこう言い放ちます。

「これは、さぞ殿もお慶びになるでしょう。しかし季節外れのものを食べたら、殿は健康を害されるかもしれません。大変ありがたいものですが、これからはなるべく旬のものを献上されたほうがよろしいでしょう」

　そして桃を突っ返してしまうのです。主君の健康を第一に考えた三成の細やかな気配りと忠誠心が感じられます。でも、突っ返された輝元のほうはどう思ったでしょうか。三成の融通がきかない一面とも言えますね。

　ともあれ、優秀さを見込まれた三成はどんどん出世し、佐和山城の城主となり、豊臣政権ナンバー2に上り詰めていきます。その方法は、他の武将とは異なるものでした。

貴族に必要な四つの能力

■『偉人たちの健康診断』から一言■

ある年、大雨で大坂の淀川が増水し、堤防が決壊しそうになった。

秀吉の家臣たちは堤防に土嚢《どのう》を積んで対応するが、土嚢が足りなくなってしまう。

このままでは堤防の決壊も時間の問題かと思われたそのとき、三成が手を挙げた。

三成が向かった先は城内の米蔵。土嚢の代わりに米俵で洪水を防ごうというのだ。

領地の大きさを米の収穫量で決めていた当時、米はお金のようなもの。

啞然とする他の家臣をよそに、三成は数千俵もの米俵を堤防に積み上げ、見事に洪水を防いだという。

堤防が決壊すれば、城や町が水浸しになり、その修復には数ヵ月以上かかる。

緊急時に「数千俵の米俵」と「城と町の損害」を瞬く間に計算した三成は、迷うことなく米俵を捨て、洪水を止める決断をしたのだ。

「三成！　お前はこの世に二人とない機転の持ち主じゃ！」と秀吉も大喜び。

この高い計算能力の秘密は元々の資質だけでなく、育った環境にもあったようだ。

当時、お寺は子どもたちの学業修業の場でもあった。

戦国時代の後半からそろばんは日本に伝わっており、

読み・書きと並んで子どもたちに教えられていたのではないかと言われている。三成がそろばんを持っていたという史料はないが、三成の生まれた近江は商業の盛んな土地。三成の高い計算力は、その近江でこそ培われたものではないか――。

日本でもっとも古いそろばんは、前田利家が持っていたものと伝わっています（最近、より古いものが見つかりましたが）。前田家伝来の文化遺産を保存している前田育徳会が管理する尊経閣文庫（東京都目黒区）には、利家が使っていたと言われる古いそろばんが残されています。前に利家が首を取ってきた話を紹介しましたが、彼は槍だけでなく、数字にも強かったのです。

では、当時の日本人の算数能力はどれほどのものだったのでしょうか。平安の昔から、貴族が修めなければいけないとされたのは、明経道（儒学）、明法道（法律）、文章道（漢文と歴史）、そして算道の四つの学問でした。

この算道がどこまで現在の算数に近かったのかはわかりませんが、当時の知識人であれば、たいていは足し算と引き算、掛け算まではできたそうです。荘園の経営や検地で年貢高を計算するために必要だったからです。

後の豊臣政権を支えた「五奉行」の一人である長束正家《なつかまさいえ》も、数字に強かったと言われています。そういう人たちがこの時期には続々と出てきているということです。

三成もきっと数字には明るかった。そして三成の場合、単に計算ができるだけでなく、機知に富んでいたことを示す、こんな話もあります。

あるとき三成は秀吉に、お前はよく働いてくれているから五〇〇石与えると言われたそうです。現在の貨幣価値で言うと、五〇〇石は年収三五〇〇万円程度になります。

しかし、三成はそれを断り、こう申し出るのです。「五〇〇石はいりません。その代わり、淀川のほとりに自生している葦に対する運上（税）をいただきたい」。

葦というのは水際に生える草ですが、ゴザにしたり、屋根を葺《ふ》いたりするなど、昔からさまざまな使われ方をしていました。当時は河原に自生していたものを使っていましたが、三成はそこに税金をかける権利を得ることによって、多くの金を手にしようとしたのです。それは私欲のためではなく、秀吉の戦に還元するためでした。実際に三成は、五〇〇石どころか一万石分の軍役を果たしたと言われています。

企画力や計算力、事務処理能力。こうした能力に長けていたからこそ、秀吉は三成を取り立て、出世させたのです。

三成大出世の秘訣

天下統一の時代には戦闘力よりも総合力が求められるようになります。石田三成という武将の登場が示すのは、それまでとは武士の評価基準が変わってきたということです。

歴史を振り返ってみると、「文」と「武」が拮抗し、互いに左右し合う様が見られます。平安時代には、貴族や公家の「文」が統治を担いました。やがて、それに不満を覚える「武」が東方の辺境から起こります。「武」は「文」と戦う一方で、「文」に学び始めるのです。

たとえば源頼朝が鎌倉幕府をつくったとき、事務方に藤原邦通《ふじわらのくにみち》という人を採用していますす。どうやら朝廷ゆかりの人物らしいのですが、そういう人がいると聞きつけると頼朝はすかさずスカウトするのです。「右筆《ゆうひつ》」として文書の代筆や公文書の作成を行った藤原邦通は、初期の鎌倉幕府を支えました。他に京の官人から頼朝の側近になった人として、大江広元《おおえのひろもと》も知られています。この人も事務方を担う官僚で、幕府を支えた実力者でした。

武力によって立ち上がった武士たちは、こうして「文」に学びながら政権を維持し、着実に力をつけていくのです。

さらに、信長や秀吉の時代になると、能や茶の湯といった武家風文化が隆盛し、教養という点で劣っていた「武」は、ついに「文」に追いつき、凌駕《りょうが》するようになりました。

そして、石田三成のように、武将のなかから「文」に長けた者が出てきます。信長は武功を挙げた者を出世させましたが、秀吉の時代にはもはや武功だけではなく、頭を使う仕事もできなければ認められなくなったのです。

戦に必要なのは大量の軍勢であり、そこで問われるのは兵站能力です。

兵站＝ロジスティックス。いかに効率よく武具や兵糧を集め、兵隊を食べさせるか。大量の軍勢を動員することに長けていた豊臣秀吉という人自身が、まさにこうした実務能力に秀でた人であり、人を測るときにも自分と同じような能力があるかどうかを見ていたのです。

この兵站がしっかりしていなければ、何万人といった大規模の軍事行動は不可能です。そして兵站を整えるためには、それを支える経済力が必要になります。経済を発展させるためには、統治者は多くの民を安心して働かせる必要がある。まさに政治力や経済力が問われるなかで、秀吉子飼いの能吏・三成の能力が最大限に発揮されたのです。

■『偉人たちの健康診断』から一言■

三成二四歳のとき、秀吉と柴田勝家の賤ヶ岳の戦いが起こった。
膠着状態が続き、秀吉は少数の兵を賤ヶ岳に残し、離れた敵を攻めはじめる。
そこへ、柴田軍が動いたとの知らせが入り、
秀吉軍は急遽、賤ヶ岳に戻ろうとするが、ときはすでに夕刻。
その場所から賤ヶ岳まではおよそ五二キロもある。
夜通し移動し続けても、到着するのは日の出頃。
兵が休むこともできないまま戦が始まり、不利な戦いとなることは確実だった。
そこで三成は一計を案じる。兵たちに武具をつけずに移動させるというのだ。
兵を手ぶらで走らせることでスピードアップ、大幅な時間短縮が可能になり、
夕方四時に出ても夜九時には着く計算だ。
武具は、戦の始まる夜明けまでに賤ヶ岳から一五キロの長浜城から運ぶという。
ほどなく秀吉軍一万五〇〇〇人が出発すると、行く手に現れたのは無数の松明。
先回りした三成が沿道の村人に松明を持たせ、賤ヶ岳までの道を照らしたのだ。
その明かりは峰から峰へと続く膨大な数で、昼間のような明るさだったという。

電光石火の早業で賤ヶ岳に戻った秀吉軍は、慌てふためく柴田軍を打ち滅ぼした。見事、三成の計算能力が賤ヶ岳の戦いを勝利へと導いたのだ。

三成は、戦の上ではそれほど武功を挙げた武将ではありません。

秀吉軍の大将として三成が北条方の成田氏が籠城する忍《おし》城を攻めたとき、秀吉の水攻めを真似して失敗し、他の武将に笑われたという話もあるくらいですが、むしろ秀吉の水攻めが特別にうまくいったのであって、三成にとっては気の毒な話でした。

でも三成は、賤ヶ岳の戦いのように、兵站では力を発揮しました。また、領地を治める手腕にも優れていました。

あまり知られていない話ですが、三成のもとには有能な家臣が何人もいて、薩摩の島津家といった地方の領主のもとに派遣され、検地を指導したと言われています。現代で言えば、親企業のエリート社員が各地の出向先で指導するという感じでしょうか。

三成は、その優秀な頭脳を活かし、豊臣家のナンバー2として采配を振るったのです。

秀吉は何を評価したか

一方、秀吉の子飼いの家臣のなかには、第3章で述べたように賤ヶ岳の戦いで武功を挙げた「賤ヶ岳の七本槍」の武将たちもいました。彼らは敵の首を取るという武者働きによって認められ、出世の階段を上り始めます。

しかし、片桐且元《かたぎりかつもと》や平野長泰《ひらのながやす》などのように出世コースから脱落していく者もいました。

そのなかで、脇坂安治《わきざかやすはる》という武将は七本槍の武功によって山城国に三〇〇〇石を与えられた後、小牧・長久手の戦いでも武功を挙げています。その脇坂に秀吉が送った書状三三通『脇坂文書』が二〇一六年に復元され、公開されたのですが、そこから窺えるのは、秀吉が部下に求めた能力です。

その手紙が送られたとき、脇坂は秀吉の命で一年間、伊賀国の代官の仕事に就いていました。伊賀国は大和時代からの木の産地です。脇坂はそこで森林を伐採し、京都まで川の水運を使って木材を運ぶという大仕事を任されたのです。

その手紙で秀吉は、「早く材木を京に送れ」と何度も指示を出しています。それに対して脇坂は、「私はこういう仕事は苦手です。それより戦に連れていってください。いい働きをしますから」と泣きつくのですが、秀吉は認めません。「お前に期待しているのはそういうことではない。戦をしたいなどと言わずに、早く仕事をしろ」と叱り、「とにかく早く木材を送れ」とせっつくのです。

それでようやく仕事をした脇坂は摂津国に一万石、大和国で二万石、淡路国で三万石と次第に領地を増やしていきますが、加藤清正や福島正則と比べたら、とても出世とは言えません。秀吉は脇坂の実務能力を試していたのです。三万石はぎりぎり及第点というところでしょうか。

出典ははっきりしていませんが、二〇万石まで出世した福島正則は、「賤ヶ岳七本槍といって、脇坂などと同列に語られることは迷惑だ」と脇坂を馬鹿にしていたそうです。

加藤清正も賤ヶ岳の一人として活躍しましたが、最近の研究では、賤ヶ岳以降はあまり実戦に出ていないことがわかってきました。槍働きより後方支援など実務処理に当たり、その働きによって秀吉から肥後国二〇万石（検地後は二五万石）をポンと与えられるのです。

考えてみれば、戦いに出て武功を挙げたとしても、数人を殺せるかどうかでしょう。宮本武蔵のような剣の達人でも、殺せるのはせいぜい一〇人。それよりも一〇〇人、一〇〇〇人の軍勢を任せられる人や政治的手腕のある人のほうが出世するのは当然です。

清正と言えば「武断派」のイメージがあり、「文治派」の三成と対立したと言われていま
す。でも、こうして見ると、清正と三成は実は似た部分もあるのです。どちらも企画立案力
から実行力までの実務力に優れており、そこを秀吉に認められた。

同じことは福島正則にも言えます。賤ヶ岳で一番槍として敵将の首を取る大活躍をした正則は、七本槍でもっとも高い五〇〇〇石を与えられます。その後、尾張国の清洲二〇万石もの領地を与えられましたから、かなり能力のある人だったのではないでしょうか。

それなのに、歴史ドラマにおける福島正則の描き方って、いつもチンピラ風の武闘派ですよね。武断派のイメージからそうなるのかもしれませんが、チンピラに二〇万石の大名が務まるかという話です。自分の家族だけでなく、大勢の家臣とその家族、そして領民も食べさせなくてはなりませんから、いわば巨大企業の社長。そんな福島正則が「三成、ぶっ殺してやる！」なんて本当に言っていたのかどうか。

三成を語るときによく引き出される、この武断派と文治派という構図。槍働きが得意な武闘派と政治を担った官僚派の対立などと単純に線引きできるものなのかどうか、僕は怪しいところだと思っています。

歴史を語る際には多方面から考察する必要がありますが、たとえば当時の地域性について

考えてみましょう。

当時、三成が所領していたのは近江の佐和山一九万石です。また豊臣政権の実務を握った「五奉行」のうち、三成と双璧をなしていたのが増田長盛《ましたながもり》という人でした。この二人が一、二を争う権力を持ち、政権を牛耳っていたのです。

この長盛は大和郡山に二〇万石。

そして、加藤清正は熊本に二〇万石でした。同じ二〇万石と言っても、たとえば銀座と地方都市では一坪の路線価がまったく違うように、当時も、京や大坂に近いところに持つ二〇万石と、熊本に持つ二〇万石では、その意味合いが全然違いました。

しかも、清正の場合は朝鮮出兵という重い負担も加わります。清正は肥後国の半分を与えられますが、それは秀吉が朝鮮出兵を前提にしていたからで、文禄・慶長の役で清正は自分の国から一万人もの軍隊を出兵させられています。

普通の戦いであれば、兵の動員力は一〇〇石当たり二・五人程度ですから、二〇万石の大名なら五〇〇〇人程度を動員させれば十分でしょう。その倍の一万人を差し出せというのですから、これは非常に重く辛い荷役でした。秀吉は、中国・四国地方、そして特に九州の大名にはきわめて重い負担を与え、朝鮮半島へ出兵させたのです。

福島正則も朝鮮へ出兵しています。

後に、この朝鮮出兵が豊臣政権の分裂へとつながっていくわけですが、このとき豊臣政権の中枢で補給部隊の指揮官として朝鮮に食糧を運んでいたのが三成でした。三成や長盛などが中枢で権力を握っているとき、中枢に入れなかった清正や正則は、遠く離れた朝鮮半島で辛苦を舐めていたのです。

ですから、これは武断派と文治派の対立といったことではなく、大名同士の熾烈な権力争いだったのではないかというのが僕の見方です。

ところで、五奉行には三成と増田長盛以外に、浅野長政《あさのながまさ》、前田玄以《まえだげんい》、長束正家がいました。五奉行に選ばれるのは相当な実力者であり、政治ができるエリートでした。

そして豊臣政権にはもう一つ、「五大老」(徳川家康、毛利輝元、上杉景勝、前田利家、宇喜多秀家)という制度がありました。

一般的には、五大老が上で五奉行が下というイメージがあるかもしれませんが、それは違います。五大老というのはいわば顧問であり、社外重役です。三成たち五奉行には「豊臣屋」という大会社を動かしているのは、あくまでも自分たち五奉行であるという強烈な意識がありました。

そう考えると、後に起こる関ヶ原の戦いというのは、豊臣屋を動かしていた石田三成が豊臣屋から逸脱しようとした反逆者の徳川家康を討つということです。三成にしてみれば、あくまでも豊臣屋という屋号を守るための戦いだった。

一方、家康にしてみれば、「徳川屋」をつくって豊臣屋と戦おうとした勢力争いでした。

そう考えると、少なくとも江戸時代から言われていたように、三成が天下の悪人とは言えませんよね。三成はたとえ関ヶ原で勝ったとしても、豊臣屋の屋台骨を動かすようなことはなかったでしょう。権力を握りたいという欲はあったかもしれませんが、豊臣屋の大番頭として一生を送ることには、疑問を持たなかったのではないでしょうか。

関ヶ原の裏切り者

■『偉人たちの健康診断』から一言■

慶長五（一六〇〇）年九月一五日。秀吉の死から二年後、関ヶ原の戦いが起こる。徳川家康率いる東軍が石田三成を中心とする西軍を破り、

天下人の座を豊臣家から奪ったのだ。
この天下を分ける戦いの勝負を決定づけたのは、西軍の武将たちの裏切りだった。
なかでも大きかったのが、西軍の主力たる小早川秀秋《こばやかわひであき》の裏切りと言われている。
しかし、小早川秀秋の診察をした医師が残した記録によると、
秀秋は、重度のアルコール性肝硬変に侵されていた可能性が高いという。
さらに末期症状として肝性脳症が発症、錯乱状態を引き起こしていたと思われる。
秀秋は、この戦いのときには、すでに正常な判断ができなかったのではないか。
こうした秀秋の状況に、危機感を抱いていた小早川家の家老たちに対し、
黒田長政から「東軍に寝返らないか」という誘いの声がかかる。
家老たちはこれに飛びつき、秀秋を東軍に寝返らせるように誘導したのである。

稀代の裏切り者とされた小早川秀秋は、実はアルコール性肝硬変による肝性脳症であり、関ヶ原のときは錯乱状態で、自分の行動がわからなくなっていたのではないか――というのが番組の見解です。

錯乱状態だったかは不明ですが、秀秋が肝硬変だったというのはあり得る話です。

歴史上、こうした例は他にもあります。足利家の五代将軍、足利義量《あしかがよしかず》は子どもの頃から贅沢な暮らしをし、接待で酒を飲み続ける環境にあったところ、二〇歳になる前に亡くなってしまいました。当時の酒は糖度が高く、子どもでも飲みやすかったのかもしれません。

さて、小早川秀秋は秀吉の正室・おね（北政所）の兄の子として生まれます。四歳のとき、実子のない羽柴秀吉の元へ養子に出され、おねに育てられます。何人かの養子候補のなかで、おねがこの子がいいと決めたといいますから、きっと利発だったのでしょう。一一歳で権中納言となり、関白の豊臣秀次に次ぐ豊臣政権の継承権保持者となりました。天下人候補のナンバー２ですから、まさに貴公子の扱いだったはずです。

小早川秀秋像（東京大学史料編纂所所蔵模写）

しかし、その一年後に秀吉と淀君の子、秀頼が誕生すると、秀秋の運命は一気に暗転します。秀吉にとって、秀次と秀秋はもはや邪魔者でしかなくなったのです。

秀次は秀吉に自害を命じられ、妻子もろとも殺されます。

一方の秀秋は、殺されはしなかったものの、筑前の小早川家に養子に出されてしまいます。

慶長の役の際は、秀秋も朝鮮半島へ出兵しますが、帰国すると、いきなり筑前三五万石から越前一二万石に国替させられます。この左遷は秀秋の失態によるものとされましたが、秀秋のしたことはそれほどの失態であるとも思えませんから、秀吉はちょっとしたことで難癖をつけて秀秋を失脚させようとしたのかもしれません。

その窮地を救ってくれたのが、五大老の一人、徳川家康でした。秀吉が亡くなった後、家康が骨を折ってくれたおかげで、秀秋は筑前の領地に戻ることができたのです。

ですから秀秋は、秀吉に恨めしい思いこそあれ、もともと恩義など感じていなかったのではないでしょうか。自分を葬ろうとした秀吉に対して、家康は自分を救ってくれたのですから、そちらのほうにこそ恩義を感じていた可能性が高い。

実際、秀秋は家康に心を寄せていたと思われる行動をしています。

関ヶ原の三週間前に始まった伏見城の戦いでは、一応西軍として参戦しますが、病気と称して戦線離脱。しばらく近江の高宮に滞在した後、関ヶ原の戦いの前日に松尾山城に移ります。そして、この城にいた西軍の伊藤盛正を追い払ってしまうのです。

番組では、この行動は肝性脳症による錯乱がもたらしたものではないかと推測しています。その真偽のほどはわかりませんが、秀秋には、稲葉正成と平岡頼勝という家老が二人ついていました。平岡頼勝の親戚であった東軍の黒田長政は、この二人の家老を通じて秀秋は東軍につくべきだと執拗に働きかけていましたから、家老たちがその話に乗ったということは十分、考えられます。

家康の「勤務評定」

ともあれ、秀秋隊が松尾山城に移ったという報せを受けた石田三成は、すぐに滞在していた大垣城を出て、関ヶ原に陣を移します。このままでは、松尾山城の秀秋隊と、美濃赤坂に本営を置いていた家康に挟み撃ちにされる可能性があったからです。

なぜ三成がこれほど迅速に動いたのかといえば、やはり秀秋が東軍につく可能性を考えていたからではないでしょうか。当時、秀秋の境遇は広く知られていましたし、どうも秀秋は家康に通じているらしいということは、皆が感じていたようです。

それが象徴的に表れているのが、西軍の大谷吉継隊の陣地です。吉継隊の陣地跡を見てみると、本来は味方であるはずの松尾山城に向けて土塁をつくっているのです。秀秋がこちらに攻めてくるのを見越して陣地を構えていたとしか思えません。

さて、松尾山城で吉継隊は秀秋隊と果敢に戦い、何度か押し戻しますが、途中で思わぬ事態が起こります。秀秋隊の動きに乗じ、西軍の脇坂安治、朽木元綱《くつきもとつな》、小川祐忠《おがわすけただ》、赤座直保《あかざなおやす》の四大名が続々と東軍に寝返ったのです。これはさすがに吉継も読めませんでした。この四人の離反がきっかけで、吉継隊は壊滅します。

そしてこの敗北後、三成隊や小西行長隊、宇喜多秀家隊も次々と壊滅していくのです。

しかし、皮肉なのは、この四人に対する家康の処遇でした。勝負の命運を決めたとも言える四人に褒美を与えるのかと言えば、その反対。家康は、主君を裏切る不忠の者に厳しかったのです。他の臣下が見習っては困るからでしょう。

四人のうち、脇坂安治だけは事前に家康側に「何かあったらお味方します」と伝えておいたために予定通りの行動と解釈され、戦後に本領を安堵されました。

しかし、どさくさにまぎれて裏切った残りの三人のうち、朽木は二万石から九五〇〇石へ減封、小川と赤座においては家を取り潰されてしまうのです。

一方、大幅にプラス査定されたのが小早川秀秋でした。筑前三五万石から、宇喜多秀家の所領だった備前五二万石へ。大幅加増に加えて、京に近い所領ですから、やはり朽木や小川のように突然寝返ったのではなく、事前に密約があったということでしょう。

　さらに西軍の裏切りは他にもありました。関ヶ原の戦いの前、突然、東軍に寝返った京《きょう》極高次《ごくたかつぐ》は大津城に立てこもります。

　慌てた三成は九月八日、立花宗茂《たちばなむねしげ》、小早川秀包《こばやかわひでかね》という西軍の最強部隊一万人を以て大津城を攻めさせましたが、これが三成の大失敗でした。大津城は同月一四日に何とか落としたものの、関ヶ原で天下分け目の戦いが行われたのはその翌日です。立花宗茂と小早川秀包の二人が率いた部隊は朝鮮半島でも互いに連携して大活躍した精鋭部隊で、もし彼らが関ヶ原にいたら、その勝敗はわからなかったとすら言われています。

　京極高次は六万石の大名ですから、動員できる兵の数はせいぜい二五〇〇人程度です。それなら、ここに立花宗茂と小早川秀包のエース二人を当てる必要もなかったはず。二〇〇〇人ほどでこの城に対処し、残りの兵は関ヶ原に向かわせるべきでした。

　また、三成は薩摩の猛将・島津義弘が主張した夜襲作戦を受け入れなかったため、島津は戦意を失くしてしまったと言われています。

　こうしたことを考えると、実務能力や行政手腕に富んでいた三成も、戦術はやはり得意でなかったと言えるでしょう。

石田三成の人間力

■『偉人たちの健康診断』から一言■

関ヶ原で敗れた三成は再起を図るため、大坂城へ戻ろうとするが、途中で捕らえられ、京都の六条河原で処刑されることになる。

斬首直前、三成は警護の者に湯を所望する。湯の代わりに柿を差し出されると、三成は痰の毒だと言って断った。もうすぐ首を切られる者が毒を気にしてどうすると笑われるが、三成は、「大志を抱く者は最後まで命を惜しみ、本懐を遂げようとするものだ」と語った。

日本大学医学部の早川智教授は、三成の言ったタンとは「痰」ではなく「胆」、つまり、お腹を壊すことを心配したのかもしれないと指摘する。

そして、過敏性腸症候群だった可能性があるという。

過敏性腸症候群は腸内細菌叢の異常に加え、過剰なストレスも原因になる。

上と下に挟まれながら、秀吉の難題を実行していく三成が置かれていた立場は、

まさにストレスによる過敏性腸症候群に陥ってもおかしくない状況にあった。

ストレスが原因の過敏性腸症候群というのは、あったかもしれませんね。とにかく三成は多くの大名の反感を買いました。秀吉が亡くなると、三成への反感はさらに大きくなり、朝鮮で戦った加藤清正、細川忠興《ほそかわただおき》、福島正則などの大名たちとの対立も激化します。

そして慶長四（一五九九）年、多くの大名から慕われて仲裁役となっていた前田利家が亡くなると、三成に対する暗殺未遂（加藤清正、福島正則、池田輝政、細川忠興、浅野幸長《あさのよしなが》、加藤嘉明、黒田長政による七将襲撃事件）まで起こるのです。このとき三成は事前に計画を察知し、屋敷を脱出して難を逃れますが、皮肉にも、このとき仲裁役として三成を救ったのが家康でした。

命は助かったものの、三成はこの事件の責任を負わされ、豊臣家の五奉行を解任され、佐和山に謹慎させられてしまいます。七将には何のお咎めもありませんでした。

三成はなぜ、ここまで反感を買ってしまったのでしょうか。

過去を振り返ってみれば、同じような人が鎌倉幕府にもいました。有能な御家人だった梶《かじ》原景時《わらかげとき》です。

景時は源頼朝からの信頼が厚く、寵臣として権勢を振るいました。しかし多くの人の恨みを買い、頼朝が死ぬと、幕府の忠臣たちから景時に対する不満が爆発。景時の排斥を求める六六人からの連判状を突き付けられ、最後は一族もろとも惨殺されてしまうのです。

この状況は、清正や福島正則などから激しい恨みを向けられた三成そっくりです。トップや専制君主への不満が、ナンバー2として権勢を振るうお気に入りに向けられる。

僕はやはり、豊臣政権の失敗の原因は秀吉の専制と朝鮮出兵にあったと思います。

多数の兵士を犬死にさせたにもかかわらず、領土も成果も得られず、命からがら帰ってきた。朝鮮半島で辛酸を舐めた大名たちは、その恨みを秀吉に向けられないため、政権の中枢で秀吉を忠実に支えていた三成に向けたのでしょう。

もちろん悪いのは秀吉であって、三成ではありません。ただ、そのはけ口が三成ただ一人に集中したことを考えれば、やはり何かしらの理由があったということでしょう。

非常に優秀で仕事はできるけれど、どこか配慮に欠けて人望のない人というのがいますが、三成のやり方を見ていると、どうもそういうタイプだったのではないかと思うのです。なぜ相手が怒っているのかわからない。こんなに仕事ができる自分は認められて当然だ。もしかしたら、三成にはそういうところがあったのかもしれません。

でも、そもそも家康は二五〇万石もの大大名です。しょせん一九万石の三成が戦うには無理があったとも言えるでしょう。いくらでも大名に餌をまける家康には敵わなかった。大胆なことを言ってしまえば、むしろ三成は家康と手を組めば良かったのです。

慶長三（一五九八）年に秀吉が没すると、豊臣家の勢いには陰りが出始め、家康が力をつけていきます。すると、家康に近づこうとする大名も出てきました。

たとえば、浅野長政は秀吉の縁戚（長政の正室・ややと北政所・おねが姉妹）であり、五奉行の一人でしたが、家康との距離を縮め、関ヶ原の戦いでは家康側についています。

さらに先を読む世渡り上手、藤堂高虎《とうどうたかとら》などは、秀吉の生前から実力のある家康に近づいています。関ヶ原では当然、家康側。高虎はその後、伊勢三二万石まで上り詰めました。

三成がもっとずる賢い人だったら、自分の行政手腕を家康に売り込んだことでしょう。家康だって、三成が「貴殿のために働く」と言えば使ったのではないでしょうか。

でも、三成にはそれができませんでした。

「一人が皆のために」

江戸時代を通じて天下の悪人として語り継がれた三成ですが、地元の佐和山では慕われた殿様だったようです。年貢などを取り決めた書状には、「不作のときは収穫高をみて農民と役人が話し合う」「困ったことがあれば何でも直訴せよ」などと書かれています。

有能な三成にしてみれば、自分の領地を治めるなんて朝飯前、一九万石の大名として一生を終えるなら、名君で終わったことでしょう。

関ヶ原後、三成は京の六条河原で処刑され、佐和山城は東軍によって奪われます。秀吉の下で権勢を極めた三成のこと、しこたま財宝をため込んでいるだろうと思っていた東軍の兵たちは城内に入って驚きました。非常に質素で、贅沢品など何もなかったからです。つまり三成はすべて国のために使っており、自分のことなど二の次だったのです。

三成の人間性を表す、こんな逸話もあります。

三成がまだ五〇〇石の所領だった頃の話です。槍の名手である渡辺勘兵衛は、各国の大名から引く手あまたでしたが、「主に仕えるのは疲れました。私は一〇万石もらわなければ宮仕えしません」と言って断り続けます。

しかしその後、勘兵衛は五〇〇石しかない三成の家臣となりました。不思議に思った秀吉が三成にどうやったのか聞くと、自分の五〇〇石すべてを勘兵衛に与え、勘兵衛も「そこまでしてくれるなら」と言って仕えたというのです。では、三成はどう過ごしているのかと聞くと、勘兵衛の家に居候していると答えたため、秀吉は大笑したといいます。後に出世した三成が勘兵衛により多くのサラリーを出そうとしますが、勘兵衛は「殿は五〇〇石の時代に、私にすべてをくださいました。それでもう十分です。殿が一〇〇万石取るようになったら、そのときには私も一〇万石をいただきます」と断り、五〇〇石のままでした。

勘兵衛は関ヶ原でも三成のもとで戦いますが、重傷を負い、陣中で息を引き取ったと言われています。最期に三成が勘兵衛の手を取り、「そなたの一〇万石も夢となってしまった」と嘆くと、勘兵衛は「いえ、殿、私は幸せでございました」と言って死んでいったのです。

三成というのはそういう人でした。

関ヶ原の戦いで、三成は家紋の「大一大万大吉」を旗印として掲げています。その意味するところは、「一人が皆のために、皆が一人のために尽くせば、皆が幸せになれる」。

部下や領民との間では、三成の悪い話というのは何も残っていません。むしろ義に厚い人だったのかもしれません。

でも、もう少し人の気持ちが読めて気を回せていたら……。あそこまで加藤清正や福島正則に憎まれ、対立が深まることもなかったでしょう。

専制君主・秀吉を忠実に支え続けた能吏・石田三成には、秀吉亡き後の豊臣政権を支える求心力はありませんでした。

いや、秀吉が朝鮮出兵に失敗した時点で、すでにその命運は決まっていたのかもしれません。

第5章

農民として生まれ武士として死んだ男

——土方歳三

女遊びで散財

■『偉人たちの健康診断』から一言■

天保六（一八三五）年、武蔵国多摩郡石田村（いまの東京都日野市）の豊かな農民の家に生まれた土方歳三《ひじかたとしぞう》。

農民の子ながら、武士になることを夢見た少年・歳三は、幼少の頃、弓矢を作るため、生家の庭に竹を植えたという。

成長した歳三は剣の道を極めて武士になるため、剣術「天然理心流」に入門する。

土方歳三の生家は三多摩の裕福な農家でした。

農家で大地主であり、打ち身や切り傷に効く石田散薬という薬の製造・販売もしていましたから、かなり裕福だったはずです。歳三自身は一〇人きょうだいの末っ子でしたが、一家の生計を立てていた次兄は俳句を詠んだり、骨董品を集めたりするなど、文化的素養があったと言われています。

歳三は青年期に、商家に奉公するために江戸に出たと言われています。ただし派手な女遊びでカネを費消してしまい、同じ家に勤める女性を妊娠させて追い出されてしまったというのです。

ところで、ご存じのように江戸時代は職分が区分けされ、身分格差が色濃く反映された社会でした。特権階級だった武士は苗字を名乗り、帯刀が認められ、幕府や藩から扶持を支払われて生活していました。

武士と庶民の間の身分格差は歴然としてありましたが、時代が下るとともに、土方歳三の家のように農民や商人層からも豊かな家が出てきます。

たとえば、東北地方寄りの日本海側は江戸時代に入ると田地開発や改良が進められ、米の生産高が一気に上がりました。越後国などは江戸の初期に三五万石しか取れなかったのに、江戸末期には一〇〇万石も取れるようになったのです。

そのため、この地域には豪農が多かったと言われています。なかでも有名なのは、江戸時代には豪商として、明治時代以降は日本一の地主として知られた酒田の本間家です。江戸時代には「殿様より偉い本間様」と言われました。

当時は各地に豪農や力のある庶民がいて商業活動に関わっていたのです。明治時代、日本がスムーズに資本主義に移行できたのは、地域ごとに商業資本が育っていたことが背景として挙げられるかもしれません。

とはいえ、やはり基本的には身分制社会です。本間家ほどの豪商であっても、武士とは格差がありました。幕末には庶民でも一部の人には名字帯刀が許されるようになっていましたが、そうした人であっても、正月の挨拶で元日や二日に登城することは許されないなど、細かな区分けがあったのです。

権力を持つ者はお金を持たない。

その代わり、お金を持つ者には権力を持たせない。

建前と本音を使い分ける日本人らしい知恵とも言えるでしょう。いまでも、官庁の役人は民間のビジネスエリートに収入面で勝てませんから、日本社会にはこのシステムが息づいているのかもしれませんね。

ただし、そこにも抜け道はありました。

実は、庶民でもお金を出せば武士の「株」を買って武士になることができたのです。幕臣・勝海舟の家も武士身分ではなかった曾祖父が富を築き、男谷家という旗本の株を息子に買い与えています。庶民が武士階層に潜り込むという感じでしょうか。

このように、江戸末期には、たとえ農民でも商人でも武士となることが可能な時代になっていたのです。

「田舎剣法」の使い手

■『偉人たちの健康診断』から一言■

土方歳三が二八歳のとき。幕府は京に向かう十四代将軍・家茂《いえもち》の警護のため、身分を問わず、腕に覚えのある人材を「浪士組」として募集した。歳三は同じ道場で修行を積んだ近藤勇《こんどういさみ》、沖田総司《おきたそうじ》らとともに名乗りを上げ、後に京で近藤らとともに、新選組を結成する。

二〇一七年、「幻の名簿」と言われる史料が発見された。土方らとともに京に向かった浪士たちの名前や年、出身地が明らかになったのだ。その多くは関東や東北の農村の出で、剣術を身につけた者が中心だったようだ。剣術で一旗あげようと集まった浪士たちは、京の壬生《みぶ》に身を置いていたこと、身なりも貧しく獣のようだったことから、京の人から「壬生狼《みぶろ》」と揶揄されていた。

新選組隊長・近藤勇

当時、求心力を失いつつあった幕府は天皇の伝統的権威を利用して幕藩体制を強化するため、公武合体を図り、十四代将軍・家茂の正室に孝明天皇の妹である和宮《かずのみや》親《ちか》子《こ》内親王を迎えることにします。そこで、文久三（一八六三）年三月に家茂の上洛を予定していましたが、当時、天皇の御所があある京都には尊皇攘夷を目指す志士たちが集結し、町の治安が非常に悪化していました。

そのため危険を感じた幕府が将軍の家茂を守るために会津藩主の松平容保《まつだいらかたもり》を京都守護職とし、その指揮下に「新選組」を創設。江戸で腕に覚えのある者を募集したのです。

新選組の初期メンバーの中心となったのは土方歳三のほか、近藤勇や芹沢鴨《せりざわかも》、沖田総司、永倉新八《ながくらしんぱち》など。沖田総司は白河藩の下級武士の子、永倉新八は一五〇石の松前藩の藩士の子でしたが、身分が問われなかったため、それ以外はほとんど農民出身者ばかりでした。

これだけ農民の子どもが集まったのには、わけがあります。当時は各地にさまざまな道場ができ、上層農民の間で剣法や武術を習うのが流行っていたのです。

たとえば、剣術を中心とした馬庭《まにわ》念流は群馬県の農民が一番の顧客だったと言われています。

近藤勇が四代目宗家となった天然理心流も、幹部が多摩や埼玉あたりの農村に出向いて豪農の家を借りて指導していました。こうした出稽古によって、門下生の数が一気に増えたのです。新選組のメンバーたちの多くも、田舎剣法で腕を磨いていました。

一方、江戸にも千葉周作が創始した北辰《ほくしん》一刀流のほか、鏡新明智《きょうしんめいち》流や神道無念流などの道場もありましたが、当時の武士は必ずしも剣術に興味を示していませんでした。第4章では武功よりも実務で実績を挙げた石田三成を取り上げましたが、武士の間では、すでに刀から筆の時代へと移っていたのです。

そうしたなかで、北辰一刀流の千葉周作は習得までのステップをわかりやすく解説したことによって剣術を殺し合いの技術ではなく、スポーツにしたと言われています。そのことが武士のみならず町民たちに受け、たくさんの町衆が習いに来ていたのです。

とになるでしょう。

江戸庶民の向学心

二六五年の長きに及んだ江戸時代を一言で表すとすれば、それは「平和な時代」ということになるでしょう。

各国の大名が覇権を競い合って戦いに明け暮れた戦国時代が終焉を迎え、徳川家康が幕府を開いたとき、多くの人々が希求したのは自由でも平等でもなく、平和でした。民主的社会の象徴的概念に自由・平等・平和の三つが挙げられますが、人々は自由でなくても、平等でなくてもいいから、とにかく戦のない平和な社会になってほしいと願ったのです。さらに言えば、罪を犯した人を捕まえてくれる世であってほしい、と。

考えてもみてください。それまでの鎌倉時代や室町時代というのは、たとえ家族が殺されても相手の力が強ければ捕まらない、強い者勝ちの世界だったのです。弱い者は泣き寝入りするしかありませんでした。

でも、武力を統括する武士が権力を握ることによって、一応悪いことをした人は捕まる世になった。辻斬りで人が殺されれば犯人探しが行われ、罰せられます。現代からすれば当たり前のことですが、江戸幕府ができて、ようやくそういう時代がやってきたのです。

江戸時代がどれだけ平和な時代だったのかは、人口を見ればよくわかります。西暦六〇〇年のとき、日本の人口は六〇〇万人でした。六〇〇年で六〇〇万人。覚えやすいですよね。

それが一六〇〇年の関ヶ原のときは一二〇〇万人でした。だから一〇〇〇年かけて二倍になったのです。逆に言うと、一〇〇〇年かけても倍にしかなっていない。

ところが、一六〇〇年から一七〇〇年の一〇〇年間に人口は急激に伸び、二五〇〇万人に膨れ上がっています。つまり、わずか一〇〇年で二倍に増えたのです。

世の中が平和になったことで、安心して子どもを産めるようになった。戦で人が死ななくなった。それだけ平和というものが尊いということです。

さて、平和な世になったことにより、人々の暮らしも変わっていきます。

それまでは戦があり、いつ命を落とすかもわかりませんでした。悪い奴に殺されたり、財産を盗まれたりする不安もあった。誰もが今日を生き抜くことに必死で、五年後や一〇年後なんて想像もできなかったのです。ところが、平和になると、五年後一〇年後の将来を考えることができるようになりました。

そのとき、人々は猛然と学び始めたのです。

江戸時代には庶民に読み書きやそろばんを教える寺子屋が普及していきますが、都市部だけでなく、農村部にもかなりの数が普及していたといいます。特に江戸の後期は、寺子屋や私塾が盛んになりました。

よく知られる話ですが、江戸時代の日本の識字率は世界一のレベルを誇っています。読み・書き・そろばんができなければ出世に響いたため、武士階級の識字率は一〇〇パーセント近くありました。庶民の多くも寺子屋に通っており、幕末にはだいたい二十数パーセントの識字率があったとも言われています。

その結果、幕末には庶民階級から多数の優秀な人材が出ています。

たとえば、実業家として有名な渋沢栄一《しぶさわえいいち》。渋沢家は埼玉県の豪農でしたが、農業だけでなく、藍玉の製造や販売で財を成していました。藍玉というのは藍の葉を発酵させたもので、いまで言うインディゴ色や蒼色のもとになる染料です。

江戸時代には、大名しか使用してはいけない色や、庶民が使って良い色を幕府が決めていました。たとえば重要文化財である東大の赤門は、もともと加賀藩・前田家の門ですが、あのような朱色は庶民には使用が許されない特別な色で、青系統の色が庶民によく使われていたそうです。

渋沢栄一は少年時代から親について藍葉の買い付けや行商にいくうち、商売のコツを覚え、商業的な才覚に目覚めたと言われています。

埼玉県の豪農の子には、日本初の女医となった荻野吟子《おぎのぎんこ》もいます。夫の女遊びで苦労した彼女は、それまで男性だけが占めていた医者を目指し、刻苦勉励の果てに女医になる夢を実現させたのです。

豪農の娘から身を立てた人といえば、樋口一葉もいますね。没落はしたものの、樋口一葉の家は山梨の豪農でした。これまた武士身分に潜り込んでいた父親の仕事がうまくいかずに困窮生活を余儀なくされますが、文才のあった一葉は、小説家になって家族を養おうとするのです。

国学と「天皇」の再発見

学び始めたことで商売や医学などで身を立てる庶民が出てきた一方で、日本の行く末もまた大きく変わっていくことになります。

それは幕藩体制の崩壊でした。

自分の身の周りのことを学ぶ過程で、庶民は天皇を「再発見」します。自分たちの周りで威張っている武士たちの上にいるのが殿様であり、殿様の上にいるのが将軍である。しかし、実はさらにその上に天皇という存在がいるのだ、と。

それまでの政治体制では、天皇が人々に忘れ去られるまで力を失ってしまっていたとも言えますが、庶民が世の中の仕組みや日本について学んでいく過程で、天皇という存在を再び発見したのです。

江戸中期には、日本独自の文化や思想を明らかにしようとする「国学」も勃興していました。国学者として有名な本居宣長《もとおりのりなが》は、医者をして確実な生活基盤を築くとともに、全国から弟子を取り、日本という国柄について教えを広めていました。

徳川御三家であった水戸藩では天皇を崇拝する「水戸学」も生まれ、「国体論」が唱えられるようになります。国体とは日本という国の骨格のことですが、そこに天皇が統治権を総《そう》攬《らん》する日本独自の国柄という意味も加わり、強固になっていきます。

島崎藤村の『夜明け前』では、国学に目覚めた主人公の青山半蔵が天皇による新しい統治に期待する様が描かれましたが、この時代はまさにこの半蔵のような人々が各地で目覚め始めた時期でした。それが明治維新の原動力になっていったのです。

江戸時代のはじめに、天皇は「禁中並公家諸法度」という法によって学問だけに打ち込むことが定められています。古代においてはあらゆるものを統治していた「王」として君臨していましたが、やがて武士によって権力が奪われていき、天皇や朝廷には改元や暦をつくる仕事や、雅な王朝文化を後世に伝えることだけが残されたのです。天皇は御所から出ることも禁じられ、外出するときには幕府の許可が必要でした。

このように幕府からすべての力を奪われた天皇が、なぜ江戸の終わりに復活したのか。それに対しては、こんな考え方をする人たちがいます。

将軍というトップがおり、その下に藩の大名、さらに下に家臣の武士がいるというピラミッド型社会が幕藩体制であるが、実はその頂点には天皇の「権威」が厳然としてあったのだというのです。天皇は権力を失ったが、見えない権威として機能していた。そしてそれが表に現れたのが明治維新だった、というわけです。

歴史研究者の間では最近主流の見方なのですが、僕はあまり納得していません。権力のない権威なんていうものが存在するのか、机上の空理・空論ではないのかと思ってしまうのです。

それよりも、僕はこのとき庶民の力が大きく影響したのではないかと考えています。江戸後期に庶民が猛然と勉強を始めたことで天皇を再発見し、天皇という存在に期待したからこそ、天皇という存在がクローズアップされたのではないかと。庶民たちは見えない存在の天皇に思い焦がれ、天皇こそが現行の幕藩体制を打ち破り、この世を変えてくれるのではないかと願ったのではないでしょうか。

こうした庶民の期待は、外国からの圧力が加わったことで、幕府を倒して天皇を王とし、新しい日本をつくろうという尊皇攘夷思想につながっていったのです。

「三対一」という必殺技

■『偉人たちの健康診断』から一言■

「壬生狼」と陰口をたたかれていた浪士たちの中で、歳三は異色の存在だった。

現代から見ても美男子だった歳三は、当時婦女子からモテモテだったという。

当時の評判によると「色白」で「役者のような色男」。

歳三は京都から故郷に送った手紙にこんな言葉を書いている。

「報国のこころわするゝ婦人哉」

子母澤寛の『勝海舟』では、土方歳三は大勢の登場人物の一人に過ぎません。大佛次郎《おさらぎじろう》の『鞍馬天狗』では悪役に近い描かれ方です。それを司馬遼太郎が見事にひっくり返した。まさに司馬マジックで、新選組だけでなく土方までヒーローになったのです。

司馬先生が描いた土方歳三はストイックで恋人も一人しか出てきませんでしたが、実際には非常にモテたようです。モテただけでなく、女遊びもひどかった。「報国の〜」という手紙も、要はモテモテで楽しすぎて、国のために尽くす気持ちなんて吹っ飛んでしまう、とのろけているわけです。

新選組は野暮で荒っぽく、京都の人々から嫌われていたようですが、イケメンだった土方は女性には不自由しなかったのですね。実に羨ましい話です。

ところで、新選組の前身「浪士組」の中心となったのは、庄内藩郷士（下級武士）の清河八郎です。

実は、清河の真の目的は将軍の警護ではなく、むしろ正反対の尊皇運動でした。京都に到着した日、清河は浪士たちに「我々は幕府の手先にはならない。これからは尊皇だ」と自分の真意を告げます。そのとき、「それでは武士道にもとる」と言って袂を分かったのが芹沢鴨であり、近藤勇でした。

その後、浪士たちの間で派閥が分かれ、内部抗争や粛清の嵐が吹き荒れます。大まかに言えば、殿内義雄、家里次郎、根岸友山などそれなりに名の売れていた人が排除され、芹沢一派と近藤一派が新選組のもとになりました。

武士道とは言いながら、元はどこの馬の骨とも知れない荒っぽい浪士ですから、そのやり方は乱暴なものでした。そのあたりが京都人から嫌われた理由かもしれませんが、新選組はとにかく強かったと言われています。

その強さの秘密は、常に三対一で敵に向かう戦法を使っていたことでした。三人以上で敵を囲み、逃げ道を塞ぐのです。当時の武士はこうした汚い手は使ってはいけないとされていましたが、浪士たちにしてみれば、とにかく相手に勝てばよかったのでしょう。あくまでも実戦的な剣法だったのです。

その後、芹沢一派が乱暴を働いて近藤一派に粛清されたと言われていますが、実際のところはよくわかりません。殺されてしまったほうは何も言えませんから、結局、どちらが正義だったのかは追及しても意味がないでしょう。

とにかく新選組の内部で力を付けたのが、近藤勇の率いる一派でした。土方はその副長として、一番隊から十番隊までの隊を掌握していたと言われています。

当時、同様の組織として旗本や御家人などの幕臣によって構成されたエリート軍団「京都見廻組」がありましたが、新選組はあくまで会津藩預かりの組織でした。

新選組には厳しい規律があり、守らなければ厳しい罰則がありました。よく言われる話ですが、京都で暴れ回る不逞浪士を斬った数より、組織内で粛清された数のほうが多いとされています。少しでも規律から外れる行為をすれば、「士道不覚悟」と言って切腹させられたり、殺されたりしたのです。それは、新選組という組織が武士道にこだわったためでした。

では、この時代の武士道とは、いったいどんなものだったのでしょうか。

時代によって武士の立場や役割が変わってくるとともに、武士のあるべき姿＝武士道にも変化が起こります。

第1章でも触れたように、中世の武士の主従関係は、案外ドライなものでした。家臣といえども、自分のことをきちんと評価しない主人には忠節を尽くしませんでしたし、腕に覚えのある者は主人を次々に変えるのも当たり前だったのです。

ところが平和な江戸時代に入ると、むしろ臣下に絶対的な忠誠が求められるようになります。「君君たらずとも、臣臣たらざるべからず」という言葉が示すように、主君にその資格がなくても、臣下は絶対の忠義を尽くさねばならないとされるようになったのです。

考えてみたら、赤穂浪士の浅野内匠頭《あさのたくみのかみ》なんて最低のお殿様ですよね。家来や家来の家族も路頭に迷うことがわかっているのに、自分の感情をコントロールできず、刀を抜いてしまったのですから。そんな殿でも、家来たちは仇を討たなければならないのです。

主人に対するこうした「忠節」は、儒学が中国から日本に入ってきた当時は見られなかったものでした。親に対する孝行は大事なものとされましたが、主人に対する忠節は孝行よりも下位に位置づけられていたのです。

ところが、江戸幕府が儒学を国の教えとして採用するときに、「君主に対する忠節は、親に対する孝行の延長線上にある」という理屈が付け加えられた。ですから、日本の儒学は中国とは違う「江戸オリジナル」だったのです。

武士に憧れ、武士を目指した農民たちは、この武士道に徹底的にこだわりました。近藤勇にしても土方歳三にしても、とにかく彼らは忠節を守り抜きます。新選組は、武士ではなかった者たちが武士道を貫き通した、少し「妙」な組織なのです。

新選組の名を上げた大事件

■『偉人たちの健康診断』から一言■

土方たち新選組の任務は、京の町の治安維持だった。

市中を見回り、怪しい動きをするものがあれば、摘発する。

「八月十八日の政変」で京を追われた尊皇攘夷派の志士たちは、元治元（一八六四）年、ある謀議を企てた。

一橋《ひとつばし》（徳川）慶喜《よしのぶ》や松平容保を暗殺し、孝明天皇を長州へ連れていくという計画である。

それを阻止すべく動いていた新選組は、六月五日の夜、京都の旅館「池田屋」で陰謀を企てる志士たちを発見、その場に踏み込んだ。

激しい斬り合いの末、新選組は七名を討ち取り、二三名を捕縛する。

この時期には暗殺や襲撃事件が多発しますが、なかでも有名なのが新選組の近藤勇、沖田総司、永倉新八、藤堂平助《とうどうへいすけ》ら少数で二十数名の尊攘派志士を倒した池田屋事件です。

これにより、尊攘派の主要人物の多くが命を落としました。

しかし、なぜ、たった数人で二十数名もの志士たちに勝てたのでしょうか。

その疑問に答えるべく、以前ある番組で検証実験をしたことがあります。『偉人たちの健康診断』ではありませんでしたが、同じNHKの『風雲!大歴史実験』という番組で、新選組がどのように戦ったか実証実験をしてみたのです。当時の池田屋と同じ構造のセットをつくり、天然理心流の現在の館主と師範クラスのお二人に、大学生剣道部員二〇名と戦ってもらいました。もちろん真剣で斬り合うのではなく、剣道の防具の上に、衝撃を感じると光るボールを付け、それが光ったら倒れたということにしました。

結果はいかに。天然理心流の二人は、最後の最後まで残って、自分たちの何倍もの敵を倒したのです。最終的には数に押されて二人のボールも光りましたが、見事な戦果でした。

剣道では刀を大きく振りますから、狭い室内では鴨居や障子に当たってしまって戦闘不能になります。一方、天然理心流の剣士たちは、相手の肩から反対側の腋の下にかけて切り下げる「袈裟切り」を多用して、鴨居に刀が引っかからないように工夫したり、片手一本で相手を突く「片手突き」を用いるなど、狭い室内で空間をうまく利用するテクニックを使い、一対多の対決を制していたのです。

近藤勇は部下を率いて池田屋に「御用改めである」と乗り込んでいったものの、肺結核だった沖田総司が途中で血を吐いて倒れ、藤堂平助は額を斬られて倒れてしまいます。結局、近藤勇と永倉新八の二人だけで浪士たちを制圧せざるを得なくなりました。それで前述のように、その状況でも勝てるかという実験をしてみたのですが、実験結果から考えても、新選組の勝利も十分あり得るということがわかったのです。

永倉新八は、実際は天然理心流ではなかった（神道無念流）のですが、剣の腕は相当なものだったと伝わっています。実戦に向いており、肝も据わっていたのでしょうね。

土方歳三は池田屋での襲撃には直接加わっていませんが、近藤勇との間で見事なコンビネーションを見せています。

事件の夜、近藤と土方は二手に分かれますが、隊長の近藤には沖田や永倉、藤堂などの精鋭をつけ、土方自身はそれほど腕の立たないメンバーを大勢引き連れて、周囲を固めました。副長の自分は、質より量をとって隊長をバックアップしたわけです。

そして、池田屋で近藤勇たちが尊攘派の志士とやり合っていると、「ここは新選組が働いているから、手を出すな」と周囲を止めて、新選組が名を上げるための舞台のお膳立てをしたと言われています。

実際にこの事件をきっかけにして、新選組はその名を京の町にとどろかせることになりました。

近藤勇の訃報

■『偉人たちの健康診断』から一言■

池田屋事件で知名度を上げ、隊士の数も増えた新選組は幕臣に取り立てられる。
しかし、時勢は倒幕に大きく動いていた。
慶応三（一八六七）年、武力による倒幕を回避すべく、
十五代将軍・徳川慶喜は朝廷に政権を返上。江戸幕府は終焉を迎えた。
しかし翌年、薩・長・土を中心とした新政府軍と旧幕府勢力の戊辰《ぼしん》戦争が始まる。
土方ら新選組は旧幕府軍の一翼を担って戦うが、
初戦となった鳥羽・伏見の戦いでは新政府軍の近代兵器を前に敗北。
土方たちは逃げるように東に向かい、現在の千葉県・流山にたどり着いた。
しかし、後を追ってきた新政府軍に本陣を包囲されてしまう。まさに絶体絶命。
「もはやこれまで！　ことここにいたっては武士として潔く腹を切るのみ」
そう言って死を覚悟した近藤勇を土方は引き止め、再起を促す。

毛理嶋山官軍大勝利之図（萩博物館所蔵）

そして土方は近藤を残し、会津に向かう――。

尊皇攘夷の気運が盛り上がっていた当時、土佐藩と安芸藩（いまの広島県）は武力による倒幕を回避するため、勝海舟と徳川慶喜に大政奉還を働きかけます。

薩摩藩の西郷隆盛には何となく平和的なイメージがありますが、実は、徳川慶喜の処刑を最後まで主張していたのは西郷でした。主君が切腹となれば、旗本や御家人は江戸城に立て籠もって戦うことを余儀なくされますから、江戸での戦いは避けられなくなります。

無事に大政奉還がなされた後も、時代を大きく変革するため、西郷らは武力によって旧幕府軍を倒そうと画策します。そのため薩摩藩士に命じて江戸で強盗や放火などを行わせて旧幕府軍を挑発、これに激怒した旧幕府軍が江戸の薩摩藩邸を襲撃、そこから新政府軍と旧幕府軍による戊辰戦争へと発展していきました。

鳥羽・伏見の戦いの様子を描いた『毛理嶋山官軍大勝利之図』という錦絵が残っていますが、「毛理嶋山」の「毛理」とは毛利氏の長州、「嶋」は島津氏の薩摩、「山」は藩主の山内氏の土佐を示す造語のようです。この絵の中には、赤地の錦に金色の日像・銀色の月像を刺繡した「錦の御旗」（天皇から与えられる官軍の軍旗）が描かれています。新政府軍は天皇を「玉」と呼び、この「玉」を確保することによって、旧幕府軍を討つ大義を獲得、幕府軍は朝廷に刃向かう「逆賊」だと位置付けたのです。新政府軍に錦旗が与えられたことで、続々と新政府軍に寝返る藩が出始め、幕府軍は不利な戦況に陥ります。

鳥羽・伏見の戦いで敗れたのち、新選組は、勝海舟の命により「甲陽鎮撫隊《こうようちんぶたい》」を組織して甲府（山梨県）に向かいました。これは、江戸城の無血開城を実現させるため、近藤や土方などを江戸から追い払うための方策だったと言われています。

裏を返すと、それだけ新選組という存在感が大きかったということでしょう。

しかし、甲府でも新政府軍の兵力にはかなわずに江戸へ戻り、近藤勇はたどり着いた先の流山で再起を図ろうとしますが、結局、新政府軍に包囲され、捕まってしまいました。そこで自分は「大久保大和」であると偽名を貫き通しましたが、近藤勇であると見破られ、斬首されてしまいます。

近藤を中心に再起を図ろうとしていた土方でしたが、近藤が処刑されたという話を伝え聞くと嘆き悲しみ、会津の天寧寺という寺に近藤の墓を建てたと言われています。

「鬼の副長」の最期

■『偉人たちの健康診断』から一言■
武士として死ぬことができなかった近藤の分も、最後まで武士として戦い抜く——それが、土方が再び摑んだ生きる目的だった。

そして最後の戦いの場に選んだのは、最北の地、箱館。

明治二（一八六九）年五月一一日、新政府軍による箱館総攻撃が始まった。

新政府軍による激しい攻撃を前にして逃げようとする兵士に、馬上で戦闘を指揮した土方は、こんな言葉を発したという。

「我この柵にありて、退く者を斬らん！」

敵に背を向けることは、武士の道に背くこと。

最後まで武士の志を貫こうとしたラストサムライは、ついに最期のときを迎える。馬上で指揮を執っていた土方の腹部に銃弾が命中、土方は落馬して絶命する――。

土方は近藤勇の助命を嘆願しますが、かないませんでした。その後も各地を転戦しながら北上し、仙台で徳川幕府の海軍副総裁だった榎本武揚《えのもとたけあき》と合流します。明治元（一八六八）年一〇月、蝦夷地（北海道）に上陸した榎本軍は箱館（いまの函館）を占拠して新政権を樹立、土方はその陸軍奉行並の要職につきました。

彼らは、本当に北海道に新しい共和国をつくることを考えていたようです。外国に承認を受けてしまえば日本政府は手が出せなくなりますから、箱館港を押さえて貿易しようと考えていたのではないでしょうか。

島田魁《しまだかい》という隊士が残した日記によれば、鬼の副長と言われた土方は、箱館戦争の頃には「慈母のように優しくなり、赤子が母を慕うように、みな土方を慕った」と言います。最後の戦いとなった五稜郭では自ら兵士一人ひとりに樽酒を注いで回り、「酔いに乗じて隊紀が乱れぬよう、一杯だけだぞ」と言って皆を和ませたそうです。

副長として近藤隊長の補佐をしていたときは厳しく指導して自ら憎まれ役となり、自分が

榎本武揚（左）と五稜郭（共同通信社提供）

隊長になったときには慈母のように優しくなる。土方は、隊長は隊士の心の支えになるべきだという組織論をきちんと心得ていたのでしょう。

五月一一日、土方は五〇名ほどの兵を率いて敢然と切り込んでいきますが、敵の銃弾に当たって倒れ、波乱に満ちた生涯を閉じます。

農民として生まれ、武士として死んだ土方歳三。三五歳の短い人生でした。

当時、仙台藩の重臣だった但木土佐《ただきとさ》という人物が、土方について書き残しています。

土方が仙台藩の幹部に説いた内容は、儒学の「君に忠節を尽くさなければいけない」というような、目新しさのまったくないものであったと。

やはり土方たちを突き動かしていた武士道のようなもの

は、本物の武士たちからしてみれば、いまさら何を言っているのかと古臭く感じるものだったのではないでしょうか。

もともと武士ではない土方たちのほうが、本物の武士よりも「武士らしくありたい」という気持ちが強かったのでしょう。旧幕府軍のリーダーだった榎本武揚も新政府軍に降伏して生き延びたのに対し、土方だけが最後まで戦い抜いたのです。箱館新政府軍の閣僚のなかで戦死したのは土方一人でした。

もちろん、盟友・近藤勇の死を嘆く土方にしてみれば、自分一人のうのうと生き残るつもりなど、ハナからなかったでしょうね。

新政府軍に捕まった榎本武揚は、三年ほどの獄中生活の後、特赦によって出獄します。その後は北海道開拓使などで活躍し、第一次伊藤博文内閣では逓信大臣、黒田清隆内閣では文部大臣を歴任するなど、新しい日本のために大きな貢献をしました。

でも、榎本武揚という人は、その実績の割にはずいぶん人気がないですよね。

それに比べ、武士道を貫き通してパッと散った土方歳三の潔い生き様に、多くの人が心を惹かれるのかもしれません。イケメンなのは気にくいませんが、僕も土方が大好きです。

第6章 龍馬暗殺の真犯人と黒幕
——坂本龍馬

龍馬はいいところのお坊ちゃん

土方歳三とほぼ同時代を生きた幕末のヒーローといえば、坂本龍馬です。一介の浪人でありながら、薩長同盟や大政奉還など、新時代を切り開く立役者として活躍しました。この人もまた、根っからの武士ではありませんでした。

龍馬は天保六（一八三五）年一一月、土佐藩の郷士の次男として生まれます。坂本家は、質屋や呉服商を手広く営む豪商「才谷屋」の分家でした。

土佐出身の作家・山本一力さんに聞いた話ですが、この才谷屋というのは、土佐藩にお金を貸し、正月には土佐藩の家老が頭を下げに来るほどの財力を有する、城下指折りの豪商だったそうです。

確かに龍馬の言動からは、「いいところのお坊ちゃん」らしい育ちの良さを感じます。もちろん元来の人間性もあるのでしょうが、ずるいことをして自分だけが出世しようというような印象がまったくありません。むしろ日本の未来のために、自分の一生を懸けたのです。

さて、裕福な坂本家の五人きょうだいの末っ子として生まれた龍馬は、年の離れた兄や姉たちにかわいがられて育ちます。特に乙女《おとめ》というお姉さんは、一二歳で母をなくした龍馬の親代わりとなって龍馬をビシビシ鍛えたと言われます。

男勝りの性格だった乙女姉さんは馬術や剣術、和歌など文武に優れていたと言われ、身長は五尺八寸（約一七五センチ）、体重は三〇貫（約一一二キロ）もあったとか。当時は男性でも五尺八寸あれば大男の部類に入りますから、「坂本のお仁王さま」という乙女姉さんのあだ名も頷けるところです。

そんな乙女姉さんに育てられた龍馬はというと、ひどく泣き虫で、一〇歳を過ぎても寝小便が直らなかったと伝わっています。私塾に通うものの、同級生とのトラブルから半年で退塾、その後は道場に通って剣術や武術を学びます。青年になった龍馬は、土佐を出て江戸に遊学し、北辰一刀流の名門・千葉定吉道場へ入門しました。思想家で洋学研究者の佐久間象山の門下生にもなって、西洋砲術などを学んでいます。

龍馬は、こうした人脈や人的ネットワークによって、日本だけでなく海外の知識を獲得し、独自の視野を広げていったのでしょう。

しかし、やはり坂本龍馬という人物が持つ展望の広さや人間的な幅を考えたとき、広い海に面した土佐という土地で育まれた地政学的な影響は無視できないと思います。

たとえば龍馬は、土佐藩の船役人で絵師であった河田小龍《かわだしょうりゅう》という人物から、海の向こうの情勢について、さまざまな教えを受けていました。小龍は、土佐の漁船から漂流してアメリカに流れ着き、一〇年後に帰国した漁師のジョン万次郎を事情聴取し、のちに万次郎を自宅に住まわせて英語を習ったり、世界について聞いたりしていたそうです。異国の情報を積極的に収集し、優れたところを取り入れようとした師匠・小龍を通じて、龍馬の見識もより広がっていったのではないでしょうか。

さて、成長した龍馬は江戸で千葉定吉道場に通い、そこで頭角を現して塾頭となり、塾生の指導にあたります。千葉定吉は剣術で有名な千葉周作の弟ですが、龍馬はこの時期、定吉の娘のさなと恋仲になって婚約までしました。結局、二人は結婚しませんでしたが、山梨県にある千葉さなさんのお墓には「坂本龍馬室」（坂本龍馬の妻）と書いてあるそうです。結婚の約束をしていたのに、龍馬が忘れてしまったのか、反故にしてしまったのか。

また、龍馬は土佐にいるとき土佐藩士の平井収二郎の妹・加尾という女性と恋仲だったらしいのですが、江戸遊学中に乙女姉さんへ宛てた手紙で、「いま、江戸でさなさんという女性と親しくしているが、そのさなさんに比べて加尾さんの容姿は劣る」などと書いているのです。龍馬はモテたのかもしれませんが、現代の基準で考えてみたら、女性に対してはちょっとひどい男と言えるかもしれませんね。

致命傷になった傷跡

■『偉人たちの健康診断』から一言■

慶応三（一八六七）年一一月一五日、京都・近江屋の二階。
龍馬と盟友・中岡慎太郎《なかおかしんたろう》は、この夜、何者かの突然の襲撃を受け、命を落とした。
事件の重要証拠となるのは「血染め掛け軸」（京都国立博物館蔵・重要文化財）。
現場で付いたとされる三〇滴あまりの血痕が残されているのだ。
それを鑑定したのは法科学鑑定のプロで、法科学鑑定研究所の代表、山崎昭さん。
山崎さんの鑑定によれば、血液は傷口から直接飛んできたのではなく、
凶器に血液が付着し、それが振り払われて掛け軸に飛んだ可能性が高いという。
そして、それぞれの血痕の形状をよく見ると、飛び方の違う三方向が確認できる。
ここから考えられるのは、少なくとも三回、刀で斬りつけられたということ。
さらに血痕が物語っているのは、龍馬の受けた最初の一撃の凄まじさだった。
刺客の放った一撃は龍馬の額に長時間刺さり、えぐるように切ったことがわかる。
この結果、浮かび上がってきたのは、「ピンポイントでこめかみを狙う」という、

きわめて高度な殺傷技術によって斬られた可能性である。

掛け軸にはいまも一五〇年前の血痕が残っています。現代の科学的手法を使ってそれらの血痕を鑑定した結果、殺害現場の詳しい状況がわかったというのです。残された血痕の形状から、三回以上刀で斬りつけられ、最初の一撃が龍馬の致命傷になった、と山崎さんはみています。

確かに、一階にいて翌日に亡くなった龍馬の用心棒・山田藤吉や、二日後に亡くなった中岡慎太郎の証言によれば、龍馬は最初の一撃で額に傷を負い、その後、床の間の刀を取ろうと背を向けたところで、もう一撃。さらに振り返ったところに三太刀目を負い、鞘で受けきれずに斬り伏せられたということですから、血痕鑑定の結果にも納得できます。

また、この掛け軸の血痕は通常の立ち回りではなかったことを示しているそうです。掛け軸は龍馬の背後の床の間にかかっており、血痕はいずれも左から右に向けて飛び散っています。しかしよく考えると、一つの疑問が出てくるのです。もし仮に、暗殺者が壁際ギリギリの場所で龍馬を切ったとしても、刀から放たれた血は掛け軸より右側に飛んでいくはず。掛け軸の位置に血痕が付くためには、壁を突き抜けたところから刀を振らなければならなくなる。これは、いったいどういうことなのか。

それに対して、霊山《りょうぜん》歴史館の副館長で剣術家の木村幸比古さんはこう推測しています。普通の刀で斬ったのではなく、小太刀の名手が斬ったのではないか、と。

小太刀とは、普通の刀より短い脇差のような刀です。通常の刀は七〇〜八〇センチですが、小太刀の長さはその半分の四〇センチほど。確かに、刀より小回りが利く小太刀であれば、壁際で切りつけると血は掛け軸の方向に飛んでいきます。

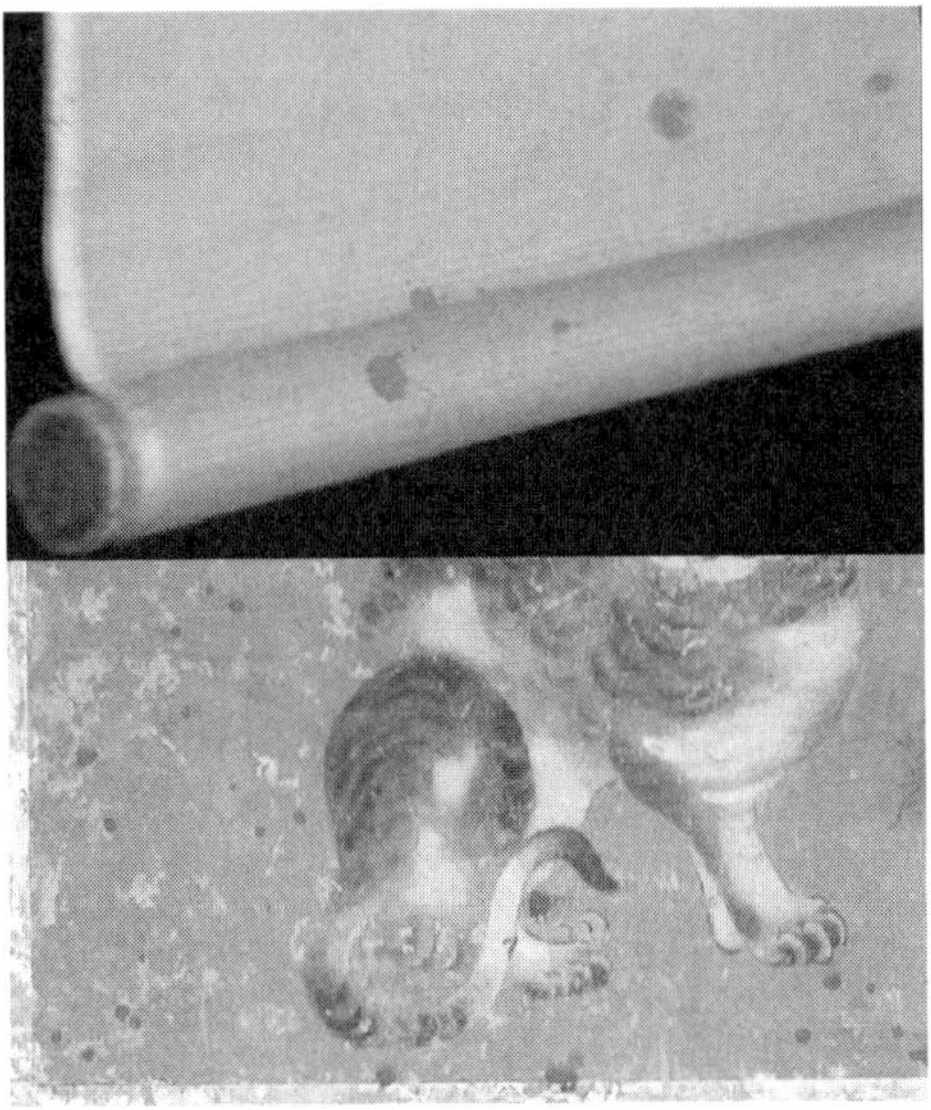

龍馬暗殺の部屋の床の間にかけられていた掛け軸に残された血痕

しかも、第5章の池田屋事件でも触れたように、当時の京都の建物は天井が低く、龍馬たちが襲われた部屋の天井も低いところは一五〇センチほどしかありません。普通に刀を抜けば天井にぶつかってしまうだけでなく、狭い室内では大人二人が立つこともままならないため、通常の刀による立ち回りは難しくなります。

実際に、霊山歴史館には龍馬を斬った凶器と伝えられる刀が残されています。刃の長さ四二センチの小太刀です。

そして、この小太刀の持ち主が、京都の治安維持を担う警察組織、京都見廻組の隊士・桂早之助《かつらはやのすけ》という人物でした。このことから、番組では桂早之助が龍馬の命を奪った実行犯ではないかと結論付けているのです。

「実行犯」はなぜ釈放されたか

確かに、見廻組の隊士は剣の達人揃いですが、なかでも桂早之助は西岡是心流という剣術を極めた小太刀の名手でした。剣の名人クラスの腕前であった龍馬がざっくり斬られているわけですから、この説には説得力があります。

また、桂早之助はもともと京都所司代という京都の警備や治安維持を担った警察組織の人間でしたから、近江屋の部屋の構造もだいたい知っているはずです。

そして、桂早之助には龍馬との因縁もあります。

近江屋事件の一年前の慶応二（一八六六）年一月、京都伏見の船宿・寺田屋で龍馬が数十名の男たちに襲われる事件が起きています。襲ったのは、伏見奉行所の捕吏（罪人を召し捕る役人）たち。伏見奉行所は京都所司代指揮下の組織です。

龍馬はこのとき持っていたピストルをぶっ放してその場から逃げましたが、それによって伏見奉行所の側にも死傷者が出ました。そのうち二人が死んだのですが、当時、京都所司代の同心だった桂早之助にしてみれば、自分の部下や同僚が龍馬に殺されているわけです。その意味では、龍馬を斬る十分な動機があるとも言えます。

そもそも、京都見廻組や桂早之助は、龍馬の暗殺実行犯として、当時からしっかり名前が挙がっていました。

龍馬暗殺事件から二ヵ月後に戊辰戦争が始まったため、明治二（一八六九）年五月の箱館戦争終結後に事件への関与が疑われていた新選組の大石鍬次郎《おおいしくわじろう》を取り調べたところ、同じ幕府方でも新選組ではなく、京都見廻組が実行犯であるという証言が出てきました。そこで見廻組の隊士・今井信郎《いまいのぶお》を取り調べたところ、自らの犯行を自供したのです。

それによると、犯行は今井を含めた京都見廻組の七名によるものだと言います。他の六名はすでに戊辰戦争で死亡していたため、今井だけが禁固刑を受けています。

つまり、表向きには犯人は捕まり、事件は解決しているのです。死んだ六名のなかに桂早之助の名もありましたから、今回の科学鑑定はその実行犯説を補強するものでした。

しかし、です。

自供をした今井の証言は後に変わり、内容に矛盾が見つかるなど、信憑性《しんぴょうせい》に欠けています。また、今井はわずか二年で赦免されています。

見廻組というのはいわばいまの警察組織にあたり、主に旗本で構成されたエリート集団でした。そうした公的機関が私的な恨みで人を殺害するとは、少し考えにくいのです。

何より、歴史の一大転換となる大政奉還で影の立役者として活躍していた龍馬には敵が多かったことも、多くの陰謀説を巻き起こす下地となりました。

こうしたことから、龍馬を亡き者にしたかった者は他にいるのではないか、という暗殺黒幕説がたくさん出てきたのです。

まずは京都見廻組のトップ、京都見廻役・小笠原長遠《おがさわらながとお》によって命令されたという説。

さらに、幕府による暗殺指令説。

今井は、実行犯として特定された七人のうち与頭の佐々木唯三郎の指示に従ったと証言しましたが、そうした現場の人間たちが私憤にかられて手を下したのではなく、さらに幕府上層部の関与があったのではないかという見立てです。ただし、佐々木唯三郎も戊辰戦争で戦死しているため、その関与に関しては不透明なままです。

次に、新選組による犯行とする説。

さらに、当時の京都守護職であった会津藩主・松平容保が、大政奉還を進めていた龍馬を亡き者にしようとしたとする会津藩説。

はたまた、事件と同年に起きた海援隊のいろは丸と紀州藩の明光丸の衝突事故で、龍馬に多額の賠償金を取られた紀州藩による怨恨説。

そして、武力による倒幕を進めていた薩摩藩による陰謀説。

このように、これまでさまざまな説が唱えられてきましたが、いまだに黒幕は特定されていません。

僕が気になるのは、龍馬が殺された時期です。

平和的な倒幕を念頭に置き、大政奉還を推し進めようとしていた龍馬が、大政奉還の実現から一ヵ月後に斬られています。当時の情勢や、龍馬のやろうとしていたことを考えると、ここで一つの仮説が浮かび上がってくるのです。

大政奉還は徳川の自衛策

まず、当時の世相や諸藩の情勢について見てみましょう。

当時、治安が悪化していた京都の町を守るため、幕府は京都守護職を設置して京都の治安維持に当たらせます。京都守護職に就任したのが松平容保でした。その指揮下に新選組がつくられ、京都の治安維持に当たります。

一方、薩摩、長州、土佐、安芸などでは、黒船来航などの外圧に刺激され、幕府による政治体制を変えて新しい日本をつくろうという倒幕運動が盛んになっていきます。

慶応二(一八六六)年一月には、土佐藩を脱藩して諸藩のまとめ役となって奔走していた坂本龍馬と中岡慎太郎の斡旋によって「薩長同盟」が結ばれました。龍馬たちは新しい日本のために、薩摩藩と長州藩を結び付けようとしたのです。

その翌年には薩摩藩と土佐藩の「薩土盟約」が、さらに薩摩藩と長州藩と安芸藩の「薩長芸三藩盟約」が結ばれます。

当時、この薩・長・土・芸の四藩は明治維新の大きな原動力となりましたが、実はその立場や主張は微妙に違っていました。

長州藩や薩摩藩は、武力による倒幕路線へ傾斜していました。

しかし土佐藩が考えていたのは、幕府と朝廷を一体化させる公武合体構想です。特に、藩主の山内容堂《やまうちようどう》は最後まで十五代将軍の徳川慶喜を守ろうとしています。

安芸藩も外国の脅威がある以上、幕府も仲間にしようという路線でした。

ですから、「徳川討つべし」というのが薩摩と長州で、「徳川も仲間にして新しい日本をつくろう」と考えたのが土佐と安芸だった。結局、そうした路線の違いから、薩土盟約は途中で空中分解してしまいます。

そうしたなかで、土佐と安芸は、政権を朝廷に返上してしまえば薩摩や長州の「徳川を討て」という大義名分がなくなると幕府に働きかけ、慶応三（一八六七）年一〇月一四日、大政奉還が実現するのです。

しかし、この大政奉還は容易に成し遂げられたわけではありませんでした。

当時、山内容堂の手足となって土佐藩を実質的に動かしていたのは参政の後藤象二郎《ごとうしょうじろう》です。大政奉還の意向が各藩の重臣に伝えられる際、後藤は土佐藩代表として二条城にのぼりましたが、その前に後藤が盟友の坂本龍馬に出した手紙によれば、万が一、大政奉還が表明されなかった場合、後藤はその場で腹を切る覚悟だったそうです。

それだけの覚悟を持って臨んだ難事業だったのです。大政奉還が無事に実現した後、「よくぞ成し遂げられた、私はこの君のために命を捧げてもいい」と龍馬が語ったという話も残っています。

実際のところ、徳川家というのは将軍家であると同時に四〇〇万石の大大名でもありました。薩摩藩主の島津家が七七万石であるのに対して四〇〇万石ですから、いかに大きな財力があったかわかります。家臣たちの有能さや家柄の良さなどを含めて、圧倒的に大きな力を持っていたのです。

そのため、十五代将軍の徳川慶喜は、朝廷に政権を返上したとしても徳川抜きに政治ができるはずなどないと考えていたようです。そこで政権返上をした後は、旧来のような幕藩体制ではなく、公議制でもいいから、徳川が中心となる政治体制を想定していました。一説には、大統領制のようなものを考えていたという話もあります。

とにかく、そんな徳川が朝廷に頭を下げて政権を返上したのですから、徳川打倒の大義はなくなります。

しかし、それでも納得しなかったのが薩摩藩でした。あくまで徳川慶喜に腹を切らせるべしと主張したのです。

当時、西郷隆盛が同じ薩摩藩にいた大久保利通に宛てた手紙が大久保家文書に残っていますが、そこには、孝明天皇の妹で十四代将軍・家茂の正室だった和宮親子内親王まで呼び捨てにし、「和宮が間に立っていろいろやっているようだが、そんなものに耳を傾けてはいかん」と書かれています。

しかし大政奉還によって、徳川を討つ理由は表向きなくなりました。そこで、西郷は破壊工作に走るのです。

第5章でも前述した通り、西郷は、伊牟田《いむた》尚平《しょうへい》や益満《ますみつ》休之助《きゅうのすけ》、相楽《さがら》総三《そうぞう》といった札付きの暴れ者たちに江戸市内の放火や商家への強盗、暴行などを繰り返し行わせたと言われています。薩摩藩士たちは大勢の浪人と一緒にこうした破壊活動を行い、その後あえてわかるように薩摩藩邸に逃げ込んで、治外法権を主張したのです。

伊牟田尚平は駐日アメリカ総領事館の通訳だったヘンリー・ヒュースケンを斬り殺していますが、これは単に相手が外国人だから殺したのであって、そこには何の正当性もありません。

相楽総三に至っては、薩摩藩士ですらありませんでした。相楽は江戸や水戸などで尊攘派志士として活動していた人物ですが、西郷に見込まれて江戸で暴れ回ります。

そうした薩摩藩の行動に我慢の限界に達した幕府側によって薩摩藩邸の焼き討ちが行われ、そこから鳥羽・伏見の戦い、そして戊辰戦争が始まったのです。

勝海舟の「焦土作戦」

鳥羽・伏見の戦いが始まると、相楽総三は赤報隊という部隊をつくり、新政府軍の許可を得て「年貢半減」を布告しながら、京都から信州を経て江戸を目指します。俺たちは官軍である、明治新政府の世になったら旧幕府領の当年分、前年未納分の年貢が半分になるから俺たちに従えなどと言って、各地を鎮圧していったのです。

しかし赤報隊が諏訪まで行ったとき、突然、新政府軍によって信濃の各藩に赤報隊捕縛の命が下されます。年貢を半分にするというのは官軍の名を騙る不届き者が勝手に言ったことであるとして、相楽たち首謀者八名が捕らえられ、斬首されてしまいます。

これが赤報隊の偽官軍事件と呼ばれる事件ですが、どう考えてもおかしな事件です。

伊牟田尚平もその後、悲惨な末路をたどります。伊牟田は捕まった相楽を助けようとして京都から諏訪に向かいますが、かなわずに京都に戻ります。その伊牟田が京都で自害させられたのは相楽が刑死した翌年のことでした。辻斬り強盗の犯人ということで処刑されたのですが、これは部下の罪をかぶった結果であり、どうやら謀殺されたということのようです。益満休之助も、江戸の無血開城後に起こった上野戦争で、どこからともなく飛んできた流れ弾に当たって死んだと言われています。

こうして、破壊工作に関わり、幕府を討つ戦争のきっかけをつくった者たちは殺されていきました。口封じのために始末されたと考えてもおかしくはないでしょう。

薩摩藩のなかでも「打倒徳川」の最強硬派が西郷隆盛でした。同じ薩摩藩でも、家老の小《こ》松帯刀《まつたてわき》のような上級武士たちは、なるべく事を荒立てたくないという立場でしたが、西郷と大久保は頑なに慶喜の処刑を望んでいました。

しかし西郷は、戊辰戦争の途中から、将軍の助命へと路線を変更していきます。幕府の陸軍総裁だった勝海舟か、あるいは薩摩藩の後ろ盾だったイギリス公使のパークスから何か提案されたのではないかと言われていますが、この西郷の心変わりの真相ははっきりしていません。

一方、徳川慶喜から全権を委任されていた幕府側の勝海舟は、江戸を焦土と化す作戦まで考えていたといいます。新政府軍が江戸に攻めてきたときには、江戸の町民たちを千葉あたりに逃した後で江戸城下に放火し、敵の進軍を防ごうというのです。

しかし勝は何とか無血で江戸城を明け渡すよう、苦心のすえ西郷隆盛との会談を実現させます。そのために邪魔な新選組を甲府に追い払ったりして、慶応四（一八六八）年四月一一日、無事に江戸城の無血開城が行われたのです。新政府軍が江戸総攻撃を中止する代わりに、幕府側は江戸城を無条件で明け渡すことになりました。

この勝と西郷の会談は、どう考えてもギリギリのタイミングで行われた会談でした。事前に取り決めや手打ちがあったわけではなく、もう後のない状態で、江戸総攻撃は何とか回避されたのです。このとき間に合わなければ、江戸は戦火にさらされていましたから、いま頃、日本の首都は東京ではなかったでしょう。

浮かび上がった暗殺の黒幕

さて、これが幕末から明治維新までの大まかな流れですが、こうした動きのなかで坂本龍馬を邪魔だと考え、殺そうとしたのはいったい誰だったのでしょう。

龍馬は幕府に政権を返上させ、朝廷が政権を握ることを考えていましたが、西郷隆盛のように武力による討幕は考えていなかったと言われています。そんな龍馬が大政奉還からわずか一ヵ月で斬られたのです。

まず、幕府側には龍馬を討つ理由はないと僕は考えています。

水戸藩出身の徳川慶喜はもともと水戸学の影響下にあり、尊皇思想の持ち主でした。前述のように、朝廷に政権を返上しても徳川が政治に関わっていくことは想定内でしたし、どう考えても大政奉還の流れをつくった龍馬を生かしておいたほうが幕府にとっては都合がいい。

また、龍馬は幕府の若年寄の永井玄蕃《ながいげんば》と肝胆相照らす仲であり、大坂などでよく会って話をしていたと言われています。幕府の誰かが坂本龍馬暗殺を決めたら、幕府の要職にいた永井玄蕃が知らないわけはありませんから、事前に止めたはずです。なかには、永井自身が坂本龍馬暗殺の黒幕だという説もありますが、龍馬と気心が通じていた永井が龍馬暗殺の指令を出すとは、僕にはどうしても思えないのです。

政治的な意図などなく、京都見廻組の桂早之助が自分の部下や同僚の報復のために龍馬を斬ったという可能性はもちろんゼロではありませんが、幕府が意図的に龍馬を殺す意味はない。僕はそう考えます。

そして、紀州藩黒幕説なども、説得力のある動機ではありません。

龍馬が生きていて邪魔なのは、やはり薩摩藩ではないでしょうか。

大政奉還から一ヵ月後というこの時期、「徳川も仲間にして新しい日本をつくろう」といった平和路線をひっくり返したいと思っていたのは、間違いなく薩摩です。昔から薩摩黒幕説というのは根強くあるのですが、僕はこれが一番あり得る話だと思っています。

薩摩藩のなかでも家老の小松帯刀は寛容な人物で、龍馬と話が合い、亀山社中の設立を支えたとも言われています。しかし、最強硬派の西郷隆盛は武力で幕府を倒し、新政権でイニシアチブをとりたいと考えていた。だが、龍馬は平和的に政権を朝廷に返上することを考えている。西郷は龍馬が有能なことを知っているだけに、その存在が障害になると考えた――これが、龍馬暗殺の黒幕が薩摩藩であるという僕の見立てです。

実行犯として逮捕された見廻組の今井信郎はたった二年で赦免され、その後は地域のリーダーとして教育などにも関わって活躍し、最後は畳の上で亡くなっています。手を下したのは見廻組だとしても、それを裏から動かしていたのは薩摩だったのではないか。裏から手を回して見廻組に頼むルートは当時あったはずです。

しかし、実は実行犯は新選組だったという線も捨てきれません。

その根拠となるのが、龍馬の致命傷です。その傷は左から切られていますが、右利きの人であれば右から斬るのが一般的です。そうした状況証拠から、犯人は左利きだった可能性も高いとされています。

新選組で三番隊組長を務めた屈指の剣客に、斎藤一《さいとうはじめ》という人物がいます。当時の武士は子どもの頃から右利きに矯正されるので左利きはめったにいないのですが、この斎藤は左片手一本突きが得意技で左利きだったと言われています。

薩摩藩は新選組から分裂した尊皇攘夷派の「御陵衛士《ごりょうえじ》」という組織を支援し、斎藤はそこに所属していましたから、斎藤と薩摩藩にはルートもありました。西郷が直接命令を下すことはなかったにしても、最終責任者は薩摩を仕切っていた西郷だった。

やはりそう考えるのが、一番しっくりくると思うのです。

なぜ、龍馬は暗殺されねばならなかったのか。

その答えの手がかりになるのは、ドラスティックに世の中をひっくり返したかったのは誰

元新選組隊士・斎藤一（個人蔵、福島県立博物館寄託）

か、ということだと思います。

根底から徳川の世をひっくり返したい、いや、ひっくり返さねばならないと考えていたのは、西郷や大久保など下層階級の出身者でした。

その反対に、薩摩藩の小松帯刀しかり、安芸藩の辻将曹《つじしょうそう》、土佐藩の後藤象二郎、そして龍馬も、倒幕派のなかでも平和的な倒幕を考えていた人たちは、そろって上級武士出身者や裕福な家の出身者でした。育ちがいいと言ってしまうと語弊があるかもしれませんが、「金持ち喧嘩せず」で、どちらかと言えば穏健な思想を持っていたようです。

平和路線を進めようとした人たちの根っこには、同じ日本人同士で戦争するのをやめようという思いがあったのではないでしょうか。

ちなみに、これまで明治維新の立役者として影の薄かった安芸藩ですが、近年になってその役割が再評価されるようになっています。

薩長土肥の重臣たちはこの後、明治政府の重鎮となって日本を動かしていきますが、不思議なことに、安芸藩からは一人も高官として採用されていません。安芸藩は、明治維新までに大きな働きをしながら、薩長土肥でつくられた新政府からはいつの間にか外されてしまいました。家老だった辻将曹も県知事止まりです。平和路線を推し進めようとした安芸が薩摩から嫌われたのか、はたまた無血開城までの裏事情を知っていたために敬遠されたのか。

そこは定かではありませんが、安芸藩の穏やかさは、豊かな土地柄も影響していたかもしれません。

安芸藩は人口が多かったことで有名です。領地は一〇〇万石の加賀藩の半分以下でしたが、領内の人口はそれとほぼ同規模の四二万人もいたのです。貧しければ人口は増えませんから、国も豊かだったということです。

暗殺や謀殺が頻繁に起こっていた幕末の血なまぐさい時代に、安芸藩では政治闘争による死者は一人も出ていません。豊かな安芸藩は戦争を嫌い、争いを避ける努力を積み重ねていたのです。

武士の枠に収まりきらない男

■『偉人たちの健康診断』から一言■

龍馬は、手紙好きとしても知られている。

故郷の家族や友人知人に、ことあるごとに手紙を出した。

ときにその長さは五メートルにもなったという。

文久三（一八六三）年五月一七日　乙女宛ての龍馬の手紙。

「このごろは天下の軍学者である勝麟太郎（勝海舟）という大先生の門人となりたいそうかわいがられております。

エヘン　エヘン」

龍馬の手紙は、率直な言葉を使いながらも、
常に読み手を意識して書かれており、相手の心を引きつけるものだった。


確かに、龍馬は多くの相手に手紙を書いており、一三五通以上も残っています。

その文面は、龍馬の率直な人柄やユーモアをよく表しています。

たとえば、嫌なことが続いて出家したいと悩んでいた姉の乙女に宛てた手紙は、読んだ相手が思わず笑顔になるような、ユニークなものでした。

「なんの浮世は三文五厘よ

ブンと屁の鳴るほどやってみよ
死んだら野べの骨《こつ》は白石。
このことは必ず必ず、ひとりで思い
立つ事のけしてあいならず候」
（どうせこの世は三文五厘ほどの価値ですよ。
「ぶん」と屁の鳴るほどの勢いでやってみなさいよ。
もし途中で行き倒れて死んだなら、野辺に白骨をさらすのも面白いでしょう。
でも、このことは決してひとりで思いたったりしてはいけませんよ）

■『偉人たちの健康診断』から一言■

龍馬の人生は、常に時代の一歩先を見据えたものだった。
なぜ龍馬は、日本の未来を予見するような行動を次々と取ることができたのか。
その秘密は、実は龍馬の手紙を見るとわかる。
将軍・徳川慶喜によって大政奉還が表明される日の前日にも、
龍馬は土佐藩の参政・後藤象二郎に宛てて手紙を書いている。

慶応三（一八六七）年一〇月一三日、後藤象二郎宛ての龍馬の手紙。
「もしあなたが城内で切腹するようなことがあれば、
私は天下国家のために報復するつもりです。
共に墓場でお会いしましょう」
龍馬とともに大政奉還を立案した後藤は、土佐藩代表として二条城にのぼった。
将軍が大政奉還を表明しなかった場合、後藤はその場で腹を切る覚悟だった。
重圧に押しつぶされそうな状況にある象二郎がどんな言葉をかけて欲しいのか、
龍馬はしっかりわかっていたかのようだ。
日本医科大学の心療内科医・海原純子先生は、
相手の心を読み、相手の思うことを先回りする龍馬の優れた共感力に注目する。
それは、人の気持ちの先を読み、時代の先を読む能力だった。

龍馬は、相手の話をよく聞ける人でした。

そして、社会がどうなるかもよく見えていたようです。

これからは日本だけではなく、海外にも目を向けなければいけない。そして政治だけでなく、商売の力で時勢を変えていくことも重要だと考えていました。そうした結果が日本ではじめての株式会社であり、貿易会社であった亀山社中や海援隊の結成だったのです。

また、一つの国や藩にとらわれていては駄目だということで土佐藩から脱藩し、浪人の身でありながら、国を相手にした大仕事をしています。

さらに犬猿の仲だった薩摩と長州を結びつけ、薩長同盟の立役者になりました。次々に革新的なことをやった結果として薩長同盟があり、その仕上げとして大政奉還があるわけです。龍馬がいなければ、明治維新が成し遂げられたかどうかはわかりません。

もしも龍馬が暗殺を逃れ、その後も生きていたら、どうなっていたのでしょうか。

元紀州藩士の陸奥宗光《むつむねみつ》は、後に第二次伊藤内閣の外務大臣となり、不平等条約の撤廃に辣腕を振るった大物ですが、青年期には龍馬の海援隊に加わり、龍馬と行動をともにしていました。龍馬は陸奥の才覚を認め、「二本差さなくても（武士を廃業しても食っていけるのは、俺と陸奥だけだ）」と語っていたといいます。

確かに陸奥は「カミソリ大臣」と呼ばれるほど頭の切れる人でしたが、考えてみれば、龍馬はその陸奥を超える人だったということです。陸奥もまた龍馬を慕い、「その融通変化の才に富める彼の右に出るものあらざりき。自由自在な人物、大空を翔る奔馬だ」と絶賛しています。

龍馬は案外、政治家になるよりも、実業家になっていたかもしれません。自由で柔軟な発想を持つ龍馬は政治という範疇《はんちゅう》におさまらず、世界を股にかけて大きな仕事をしようとしたのではないでしょうか。

後藤象二郎や明治の重臣たちとのつながりもありましたから、たとえば後の三菱財閥の岩崎弥太郎のように、日本を背負って立つ実業家や政商となったのではないか。そして、日本のために何か大きなことをやってくれたかもしれない。

そう想像を膨らませると、龍馬の死は実にもったいなかったと思います。

ニッポンをせんたくいたし申候

その龍馬が、歴史の教科書から消えるかもしれないと言われています。

二〇一七年に高大連携歴史教育研究会が「教科書に載せる固有名詞を減らそう」という提言を行い、武田信玄や上杉謙信、坂本龍馬などの項目が教科書から削除される候補にあがったのです。大学入試で、歴史の細かい用語の暗記力を問われることが多いのが問題だということです。

そもそも、龍馬というのは単に薩長同盟の仲介をした裏方に過ぎず、歴史的な功績は大きくないと指摘する歴史学者もいます。

しかし、僕がいつも重視しているのは、歴史という大きな物語の「流れ」です。歴史上の出来事を「知っている」ことは大事ですが、もっと大切なのは「考える」こと。ましてや、こうして龍馬の殺人犯が特定できないように、歴史の解釈は確定していません。それなのに、教員が教えた一つの解釈を無理やり暗記させることは有害でもあります。

それよりも、こんなふうに龍馬の人生を追いながら、幕末の社会状況や武士から庶民の時代への移り変わりなどを追うほうがずっと意義があると思うのです。

先ほど紹介した「エヘンエヘンの手紙」の翌月に書かれた乙女姉さんへの手紙には、龍馬のあの有名なフレーズ「ニッポンを今一度せんたくいたし申候」が書かれています。

彼が「せんたくしたい」と思っていたものとは、いったいどんなものだったのか。どんなふうに「せんたく」するつもりだったのか。そんなことを語り合う双方向なやり取りが、子どもたちの考える力につながっていくのではないでしょうか。

確かに龍馬は裏方であり、仲介者に過ぎませんでしたが、その役割は決して小さくはありませんでした。将軍でも大名でもない一介の浪人が、時代の先を読み、時代を大きく動かしたのです。

武士の世から、庶民の世へ。日本を大きく変えようとした坂本龍馬の人気は、現代でもまったく衰えていません。

閉塞した江戸という時代を自在に駆け抜け、時代を大きく変えた龍馬の姿は、現代の人々の精神をも奮い立たせてくれるのでしょう。

第7章

「逃げる殿」の第二の人生
―徳川慶喜

趣味に没頭した元将軍

大政奉還した「最後の将軍」徳川慶喜は、三二歳で隠居して七七歳で亡くなるまで写真や油絵、弓道、狩猟、囲碁、謡曲など、さまざまな趣味に没頭しながら過ごしました。

なかでも写真の趣味はかなり熱心で、カメラを持ってよく撮影に出かけていたそうです。撮影した写真を写真雑誌にもたびたび投稿していたといいます。

四〇歳を過ぎた頃には、当時ハイカラだった自転車を乗り回し、五一歳のときには、洋服に身を包み、肩には猟銃をかけた写真が残されています。一ヵ月の半分以上も狩りに行くほど、充実したセカンドライフを送っていたのです。幼い頃から続けていた弓は毎日一五〇本射るのが日課で、医者から一〇〇本に減らすよう止められるほどでした。

■『偉人たちの健康診断』から一言■

明治二（一八六九）年九月、戊辰戦争の終結を受けて、慶喜の謹慎も解除された。慶喜は、駿府《すんぷ》城のあった静岡でその後の長い隠居生活を送ることになる。隠居生活の間、油絵、写真、狩猟など趣味の世界に没頭した。

特に人物画ではなく風景や植物画を好んで描いた。
心理学の専門家によると、一般的に人物画を避けて、風景画を多く描く場合、対人不信に陥っている場合が多く見られるという。
風景画をたくさん残した慶喜も、対人不信に陥っていたことが考えられる。
実際に当時の慶喜はほとんど人と会わず、世間とのつながりを断っていたという。

徳川慶喜という人はいろいろなことを楽しめて生きがいを見出せる人でした。少なくとも土方歳三や近藤勇のように、自分の役割や大義を失ったら生きている意味がないと思う人ではなかった。自分の役割を失っても生きていける、いや生きていたいと思う人だったのでしょう。

お金には困っていませんでしたし、奥さんも側室もいて、子どももたくさんいましたから、それほど悪い生活ではなかったはずです。

慶喜という人のことを考えたとき、僕にはどうしても「命が惜しい」という、とても人間らしい感覚を拭いきれないのです。命を懸けて何かを成し遂げようとする人がいる一方で、とにもかくにも自分の命が惜しい感覚を捨てられない人がいる。僕もそうですから、その気持ちは痛いほどわかります。人の上に立つ者の理想的な姿は、大義のために命を擲《なげう》つ覚悟で臨む、ということでしょう。でもそれはわかっていても、実践するのは難しい。

きっと慶喜は、反省はしていたのだろうと思います。徳川家の墓には入らず、谷中に自分のお墓をつくっていることもその表れでしょう。また、その後の長い人生でも言い訳はいっさいしていません。そこは、インパール作戦の指揮を執り、その失敗を「部下の無能」のせいにした陸軍の牟田口廉也《むたぐちれんや》将軍とは違います。自分を正当化していないのです。

反省はしているけれど、それはそれ、これはこれと引きずらず、新たな楽しみを見つけて生きられる人だったんじゃないか。

まあ、そうでなければ長生きはできなかったでしょうね。七七歳まで生きた慶喜は、当時としてはかなりの長寿者でした。「家康の再来」と言われましたが、歴代将軍の長寿ランキングでは家康の満七五歳を抜いて、堂々の一位です。大きなストレスは感じていなかったのかもしれませんね。

「豚一どの」

■『偉人たちの健康診断』から一言■

健康にも気を遣っていた慶喜は、晩年までスリムな体型を保っていた。

その秘密は、なんと豚肉。

慶喜は幕府にいる頃、諸藩から貴重な豚肉を取り寄せてよく食べていた。

静岡で隠居の身になると、かつてのような献上品もなくなったはずだが、慶喜の使用人が書いた日記の中には、こんな記録がある。

「明治二三（一八九〇）年一二月九日。柳沢保申《やなぎさわやすのぶ》の使いから豚肉を受け取った」

五四歳になった慶喜は元・郡山藩の藩主、柳沢保申から豚肉を贈られたという。

七四歳のときにも、元・琉球国の王子、尚順《しょうじゅん》から豚肉の缶詰を贈られている。

慶喜は静岡での第二の人生でも、豚肉をしっかり食べていたようだ。

慶喜の豚肉好きは有名で、豚が好きな一橋殿から、ついたあだ名は「豚一どの」。

豚肉にはビタミンB_1が豊富に含まれている。

米中心の食事に豚肉を加えると、米の糖質がビタミンB_1によって効率的にエネルギーへと変換され、脂肪が溜まりにくくなる。

また、豚肉のタンパク質から作られるアルブミンは免疫細胞を活性化させ、

アルブミン濃度が高い人ほど長生きだという調査結果もあるという。豚肉は、スリムな体型や長寿とも、深い関わりがあったのだ。

当時、仏教で肉食が禁じられていたため、肉食はタブー視されていました。体調が悪いときや元気をつけなければいけないときに「薬」として食べる以外、普通の人は食べませんでした。しかし豚肉が大好きだった慶喜は将軍になる前から、薩摩藩から献上される豚肉を楽しみにしていたようです。

元治元（一八六四）年、薩摩藩の家老・小松帯刀が国元の鹿児島にいる大久保利通にこんな手紙を送っています。

「一ツ橋公（慶喜）より豚肉を度々望まれることがあって、私の持ち合いのものを差し上げましたが、一度ならず三度目まで望まれて、差し上げてしまいました。それなのに、また豚肉を所望してこられました。しかし、私の手元にはもうないためにお断りするしかありません。それにしても大名というのはわきまえがなくて困ったものです」

何度も豚肉をねだる慶喜を「不勘弁者」、わきまえのない人だとなじっているのです。

肉ということで言えば、慶喜の父・徳川斉昭《とくがわなりあき》も牛肉好きで有名でした。実は、あまりに牛肉が好きすぎて、「桜田門外の変」は牛肉の恨みから起きたのではないかという珍説まであります。

水戸藩の関係者がまとめた『水戸藩党争始末』には、こんな話が載っています。

水戸藩主の斉昭は、彦根藩主から毎年近江牛を送ってもらっていたのですが、彦根藩主の井伊直弼《いいなおすけ》が仏教徒になったときから送ってもらえなくなります。斉昭は再三、「頼むから牛肉を送ってくれ」と頼み込むものの、井伊直弼から「牛の殺生は国禁だから、だめ」と断固として拒否され、斉昭がたいそう不快に思ったというのです。それが水戸藩士が幕府の大老だった井伊直弼を斬った「桜田門外の変」につながったのではないかというのですが、親子がともに肉絡みでエピソードを残しているのは面白いですよね。

慶喜は、豚肉のほかにも鰹節が大好物だったそうです。しかも削りたてにこだわり、使用人たち皆にも行きわたるようにして食べていたと言われます。

グルメで健康オタク。そのおかげで、健康と長寿と子宝に恵まれたのかもしれません。

貴人、情け知らず

徳川慶喜は天保八（一八三七）年、水戸藩主・徳川斉昭の七男として生まれました。

幼少から優れた人物と言われ、慶喜が十五代将軍に就任したときには、「東照神君（徳川家康）の再来」などと言われています。

しかし、この時点ですでに幕府は弱体化。薩長を中心とした倒幕勢力との対立が激しさを増し、国中が混乱をきわめていました。どうしたら国を立て直せるのかと考えた末に、慶喜は土佐藩などの提案を受け入れ、朝廷に政権を返上する大政奉還を決断します。

慶喜の思惑は、大政奉還後も徳川が主導権を握ることでした。天皇を中心とした全国の大名による「合議制」で政治を行うが、その議会の頂点として武士のトップである徳川家が諸大名をまとめるという構想を描いていたのです。

ところが、薩摩藩はそれを許しません。新しい政治体制に徳川を参加させるわけにはいかないと、武力による倒幕を画策。江戸市中で挑発行為を繰り返し、それに耐えかねた旧幕府軍との間で、ついに衝突が起こります。そして、慶応四（一八六八）年一月三日、鳥羽・伏見の戦いが始まったのです。

しかし数で勝っていたはずの旧幕府軍は、海外の最新兵器を取り入れた新政府軍の前に敗走することになります。その他にも、慶喜には予想外の出来事が続きました。なんと新政府軍が「錦の御旗」を掲げたのです。それは、新政府軍こそ天皇の軍隊であると朝廷が認めたということ。このまま戦いを続ければ「朝敵」の汚名を被ることになります。

慶喜の出身地である水戸藩では尊皇思想が重んじられ、慶喜自身も幼い頃からその思想に大きな影響を受けて育ちましたから、この展開はまさに想定外でした。

すると、慶喜は総大将にあるまじき行動に出ます。開戦から一週間も経たぬうちに、わずかな側近や会津藩主の松平容保、桑名藩主の松平定敬《まつだいらさだあき》らを連れて大坂城を抜けだし、幕府の軍艦・開陽丸に乗って大坂港から江戸に逃げてしまったのです。

これには皆びっくりでした。当然、旧幕府軍は戦意を喪失、戦闘を放棄して国元に帰る者や新政府側へ寝返る藩も続出します。幕府軍は総崩れになり、悲惨な状況になってしまいました。

その後、慶喜は徹底抗戦を主張する幕臣たちを無視して、ひたすら新政府に恭順の姿勢をとります。交渉役になった勝海舟の尽力もあって江戸城は無血開城し、江戸の町は戦火から逃れましたが、その後も戦闘が続けられた東北地方を犠牲にするかたちで、明治政府は成立したのです。

■『偉人たちの健康診断』から一言■

慶応四（一八六八）年一月六日、戦わずに逃げ帰った慶喜に対して、味方からは「腰抜け」と非難の嵐が起こる。

さらに翌日、追い討ちをかけるように、朝廷から慶喜追討令が出され、幕府は「朝敵」とされた。

これは、慶喜を天皇に弓を引いた大逆無道の大罪人とみなし、死罪を宣告するに等しい事態だった。

慶喜は天皇に反抗する意思がないことを示すため、江戸城を出て、上野の寛永寺で謹慎生活を送る。

その後も抵抗を続ける旧幕府軍と新政府軍の戦いは続くが、五月一八日、榎本武揚らは新政府軍に降伏して戊辰戦争が終結。

こうして徳川幕府は滅亡した。


それにしても、家臣たちが自分の命を懸けて戦っているのに、大将が部下を見捨てて敵前逃亡するなんて話は聞いたことがありません。

ただ、慶喜には以前にも、もう少し何とかできなかったのかと思われる出来事がありました。幕末最大の悲劇と呼ばれる、水戸藩の「天狗党の乱」です。

慶喜の出身地である水戸藩には、天狗党と諸生党《しょせいとう》という二大勢力がありました。天狗党は過激な尊皇攘夷派、一方の諸生党は水戸藩の門閥派を中心とするグループです。

諸生党が実権を握った元治元（一八六四）年三月二七日、幕府に攘夷の実行を促すため、天狗党の藤田小四郎《ふじたこしろう》（水戸学者・藤田東湖の四男）や元家老の武田耕雲斎などが中心となって筑波山で挙兵します。その後、この乱に呼応する者は八〇〇人ほどに膨れ上がり、京都を目指して進軍していきます。

彼らは当時、京都御所を警護するために新設された「禁裏御守衛総督」という役職についていた慶喜を通じて、天皇に自分たちの尊皇攘夷の志を伝えてもらおうとしていたのです。何といっても慶喜は水戸出身ですし、尊皇攘夷の主張には賛同してくださるはずだと期待して、京を目指します。

尊皇を掲げていた天狗党でしたが、各地で金品や食糧の略奪を行うほか、軍資金調達を要求して拒否されると町に火をつけて数百人規模の被害を出すなど、とても正義とは言えない行為を重ねていました。幕府からは天狗党追討の命が出され、水戸藩の諸生党も討伐に加わりますが、この両者の戦いは熾烈をきわめました。当事者同士だけでなく、妻子まで刑場に引き出されて、容赦なく命を奪われたのです。罪もない女性や子どもが多く殺されたことで両者の憎しみは容易には解けぬものとなり、後々まで禍根を残したと言われています。

天狗党は各地の藩とも戦いながら京を目指しますが、越前新保という町まで来たとき、加賀藩からの手紙によって総攻撃が迫っていることを知ります。そこで力尽きた天狗党はついに降伏、八〇〇人ほどが加賀藩に投降したのです。

彼らは、敦賀の鰊《にしん》蔵に糞尿垂れ流しのまま監禁されるなど酸鼻をきわめる扱いを受けた後、武士として切腹することも許してもらえず、三五〇人以上が処刑されました。この事件と関係の深い「安政の大獄」ですら処刑されたのは八人でしたから、いかに苛烈な処分だったかがうかがえます。

当然、慶喜はこの経緯を知っていたはずですが、いっさい彼らを助けようとしませんでした。「貴人、情け知らず」とはよく言われることですが、育ちが良すぎると下々の命など気にならなくなるのでしょうか。

実際、天狗党に救いの手を差し延べなかった慶喜は多くの人から非難されました。

後に日本の「実業界の父」と言われる渋沢栄一は若い頃、慶喜に仕えており、明治後半から大正時代にかけて慶喜から聞き書きを行った伝記『昔夢会筆記』と評伝『徳川慶喜公伝』

を出版しています。

このうち『徳川慶喜公伝』は、慶喜の評伝であるにもかかわらず、天狗党の乱についてこう書いています。「一橋家及加州藩の諸士等は皆失望落胆して口々に公の人情に悖《もと》れるを非難し、謗議囂々《ぼうぎごうごう》たり（一橋家や、加賀藩の藩士たちも皆失望して、人の道に反する慶喜の行為を非難し、散々に悪く言った）」。

「敵前逃亡」の理由

それにしても、なぜ慶喜は戊辰戦争で敵前逃亡してしまったのでしょうか。

まずは、やはり幼少から叩き込まれていた尊皇思想の影響が挙げられるでしょう。

水戸藩は、もともと尊皇攘夷思想の発祥の地でした。

この思想の発端となったのは、二代目藩主・徳川光圀《とくがわみつくに》が始めた『大日本史』の編纂です。

『大日本史』は江戸初期から明治時代にかけて二百数十年も継続された水戸藩の大事業でした。神武天皇から後小松天皇まで（厳密には南北朝が統一された一三九二年まで）、全三九七巻で一〇〇代の歴史が記されています。

やがて史料編纂のために集まった学者を中心として、儒学が国学や史学と結びつき、日本古来の伝統を追求する学問が体系化されていきます。

こうしてできた水戸学は、時代とともにその本質も変遷していきました。

前述の『昔夢会筆記』で慶喜は、徳川光圀以来、水戸徳川家には「朝廷と幕府に争いが起きた場合、幕府には背いても朝廷に弓を引いてはならない」という旨の家訓があったと語っていますが、これはおかしな話だと疑義を呈されたのが、近世史研究で有名な尾藤正英先生(東京大学名誉教授)です。

というのも、『大日本史』は京都と吉野に天皇が一人ずつ存在した南北朝時代について、「南朝こそが正統である」という立場を打ち出しているのです。つまり光圀は、南朝こそが正統の天子であって、いま京都にいる北朝の子孫たる天皇は「ニセモノ」であると考えているということです。

ですから、その天皇を戴く朝廷と幕府が戦ったら、当然、水戸徳川家は天皇側ではなく宗家の幕府に味方をしなければいけないはずです。また光圀の時代の儒学では、「祖先に孝」は厳然とあっても「君に忠」という価値観はまだしっかり確立されていませんでしたから、主君よりご先祖様に孝行しなさいという考えのほうが優勢なはず。

しかし、江戸時代後期から、水戸学は天皇の正統性ではなく、天皇を尊重しなければいけないという「尊皇」に傾いていきます。中興の祖となった儒学者の藤田幽谷《ふじたゆうこく》が尊皇の考え方を強く打ち出したからです。幽谷が武家ではなく商家出身だったことも、その思想に深く影響を与えているのかもしれません。その時点で、江戸の将軍家はすでに衰え始めていましたから、水戸藩も将軍家を立てるよりオリジナル路線を行ったほうがいいと考えたのかもしれません。

それはともかくとして、この後期水戸学が尊皇攘夷の理念を見出し、慶喜はこうした価値観を幼少時から叩き込まれていたわけです。また、慶喜の母は皇族の有栖川宮織仁《ありすがわのみやおりひと》親王の娘でしたから、なおさらその傾向が強かったのでしょう。

ですから、慶喜が天皇に逆らうのが怖くて逃げ出してしまったというのは、あり得ない話ではないのです。

ちなみに、よく誤解されることですが、尊皇というのは天皇を重んじるか、将軍を重んじるかの二者択一ではありません。将軍の慶喜にとっても、天皇に対して忠節を尽くすというのは、当然の行為でした。

また当時の日本人の多くは、外国人を排斥しようという攘夷論を支持していました。司馬遼太郎先生は新選組局長の近藤勇に「私も尊皇攘夷を旨として行動している」と語らせていますが、それほど「尊皇」「攘夷」というのは広く共有された国論だったのです。

もちろん薩長など、外国と本気で戦ったことがある人たちはその力を知っていましたから、実際には攘夷など無理であることはわかっていたはずですが、それを表には出さず、尊皇の「気分」だけをうまく倒幕につなげていました。

一方、尊皇を受け入れながら、将軍の言うことを重んじる人もいました。幕府の力が揺らいでいた当時、攘夷の本元である水戸出身で秀才の誉れ高い慶喜が期待されたのはそのためです。しかし慶喜は、そうした期待には応えられませんでした。

慶喜に欠けていたのは、大将としての覚悟でしょう。

家康の再来とまで言われた頭脳派の慶喜は、常に先を読んで先手を打ってきたのです。それなのに、部下たちは薩摩の挑発に乗って戦を始めてしまった。さらに戦に負け、よりによって朝敵の汚名を着せられてしまった。自分の考えていたことがすべて台なしになって、茫然自失状態になってしまったのかもしれません。

しかも慶喜が率先して戦いを始めたわけではありませんでしたから、なぜ自分が責任を取らなければいけないのかとも感じたのでしょう。そして結局、逃げてしまった。その辺は慶喜にもある程度同情の余地はあると思います。

しかし、将軍としては大失格です。部下の失敗は大将の失敗であるという自覚や度量を持てなかったのですから。

慶喜は、知識人としては秀才だったかもしれませんが、国を率いる君主としては、命がけの勝負をすることや責任を取ることができませんでした。土方歳三のように幕府のために死ぬ覚悟もなければ、坂本龍馬のように肝も据わっていなかったんじゃないかなあ。人間らしくはありますけれど。

トップが責任を取らない国

■『偉人たちの健康診断』から一言■

歴史の表舞台から退き、世間から隔絶した生活を送った最後の将軍・徳川慶喜。慶喜に厳しく自制を促していたのが、旧幕臣の勝海舟だった。

当時、明治政府に不満を持つ者が党を結成していたため、勝は、慶喜が反政府勢力に担がれ、政治的に利用されることを警戒していたのだ。慶喜に政治的野心があると思われてはならない。

そこには勝の、ある強い思いがあった。それは慶喜の名誉回復だった。勝は、皇族に慶喜の名誉回復を働きかけるなど影にひなたに働いていた。明治三五（一九〇二）年、そうした勝の努力が実を結ぶ。明治天皇に拝謁した慶喜は公爵の位を授けられ、名誉回復を果たしたのである。

明治新政府ができたとき、徳川家には三万人ほどの家臣がいましたが、新政府によって徳川家の領地は静岡の七〇万石に減らされてしまいます。

その結果、家臣の多くは食い扶持を失ってしまいました。新しい仕事に就けずに徳川家とともに静岡へ移った家臣は一万三〇〇〇人もいましたが、当時の徳川家の財力では五〇〇〇人しか雇うことができませんでした。そのため、多くの家臣の生活は日々の食事も満足に取れないほど逼迫《ひっぱく》していったのです。

困っている旧幕臣やその家族に何くれとなく援助の手を差し伸べたのは、元将軍の慶喜ではありません。旧幕臣の勝海舟たちでした。

旧幕臣の生活の立て直しのために勝が目を付けたのが、当時、輸出品として人気だったお茶です。勝は彼らに開墾資金を出し、お茶の栽培を始めさせたのです。また再就職の斡旋をするほか、旧幕臣たちに融資をするための金融機関を立ち上げました。

こんなに部下の面倒見の良い勝ですが、以前の上司である慶喜の世話も焼いています。

実は、勝と慶喜はあまり性格が合わなかったと言われています。勝は十四代将軍の家茂を強く慕っており、家茂が亡くなったときには「家茂様薨去、徳川家本日滅ぶ」と日記に書くほど忠誠心を強く感じていたのですが、慶喜とは人間的に共感できなかったようです。無血開城間際の肝心なときにも弱音を吐く慶喜に呆れるなど、二人の間柄は微妙だったように思えます。

晩年の徳川慶喜

それでも、やはり勝には元幕臣としての責任感、プライドがあったのでしょう。
上様は俺の言うことを何も聞いてくれなかったと言いながら、生涯、慶喜の心配をして世話を焼いています。
明治三五（一九〇二）年には、前述の通り、勝の長年の助力もあって慶喜は公爵の位を授かって名誉を回復しました。その直後、慶喜は東京・赤坂の勝海舟の屋敷を訪ねたと言います。長年自分を支え続けてくれた勝の労苦に感謝していたのでしょう。また、慶喜の十男・精《くわし》は勝の養子となっています。

慶喜はその後、貴族院議員に就任して三五年ぶりに政治の舞台に戻り、その八年後に隠居、そして七七歳で波乱に満ちた生涯を終えるのです。

明治政府で活躍していた政治家や官僚には幕臣出身者も多かったため、太い人脈もありますから、明治以降の慶喜が困窮するようなことはなかったでしょう。

あとは、それを「恥」と思うかどうか、という話です。

主君のために死を覚悟して討ち入りをした赤穂藩士たちが「君辱められれば臣死す」と称えられてきたこの日本で、慶喜はやはり人気のない将軍です。慶喜が生きていた当時も貧しい生活を送る旧幕臣からは恨まれていましたし、徳川幕府を終わらせた責任も取らずに楽々と隠居生活を送っていることに対する批判もありました。

ただし、トップが責任を取らないというのは、日本の政治の特徴とも言えます。

たとえば中国では王朝に何かあったときには必ずトップである皇帝が責任を取っています。唐でも明でも最後の皇帝は殺されたり自害したりしており、王朝滅亡後に生きながらえることはありませんでした。トップの地位というのは民を統率するためだけにあるのではなく、いざというときは代表として責任を取るためにある、という考え方があったからです。

しかし、日本の場合はそうではありません。鎌倉幕府の最後の守邦《もりくに》親王しかり、室町幕府の十五代将軍、足利義昭しかり、徳川慶喜しかり。日本は世襲が強い国です。必ずしも地位というものが大きな力を持たず、家の存続が何より大切だとされてきたのです。

でも、人の命は重いですからね。地位にふさわしく皆の責任を負って死ぬべきだった、なんて言うつもりは僕もいっさいありません。ただ日本でも、俺はどうなってもいいから民を助けてくれ、自分の命に代えても守る、と言う人はいたわけで、そういう人はやはり人気がありますよね。

反対に言えば、封建的な武士の思想に染まらず、余生を趣味に生きた慶喜という人は、非常に現代的な人だと言えるでしょう。

考えてみれば、もしも慶喜が徹底抗戦を決意していたら、さらに大きな内戦に発展していたはずです。土方歳三や近藤勇が抱いていた武士道精神を持たなかったからこそ、慶喜は早々と戦から逃げ、大政奉還や無血開城に踏み切れたのです。それが、世襲制に基づいた封建的な幕藩体制に幕を降ろし、才能が評価される新しい政府の誕生につながった、とも言えるかもしれません。ただし東北地方や幕臣など、幕府を命がけで支えた者たちの犠牲の上に成り立った政府ではあったのですが。

武士道精神には従わず、過去を捨てて前向きにセカンドライフを生き切った「最後の将軍」。慶喜は、武士の世の終焉を体現していたのかもしれません。

章扉画像

第１章　武田信玄（晴信）画像、上杉謙信（輝虎）画像＝いずれも東京大学史料編纂所所蔵模写

第２章　織田信長肖像画＝長興寺（豊田市）所蔵、写真協力豊田市郷土資料館

第３章　豊臣秀吉画像＝東京大学史料編纂所所蔵模写

第４章　石田三成画像＝東京大学史料編纂所所蔵模写

第５章　土方歳三古写真

第６章　坂本龍馬古写真

第７章　徳川慶喜古写真

本郷和人

1960年、東京都生まれ。東京大学史料編纂所教授。東京大学文学部、同大学院で石井進氏、五味文彦氏に師事し日本中世史を学ぶ。専門は中世政治史、古文書学。博士(文学)。史料編纂所では『大日本史料 第五編』の編纂を担当。2016年、『現代語訳 吾妻鏡』(全17冊、吉川弘文館)で第70回毎日出版文化賞(企画部門)を五味氏らと受賞。主著に『中世朝廷訴訟の研究』(東京大学出版会)、『新・中世王権論』(文春学藝ライブラリー)、『人物を読む 日本中世史　頼朝から信長へ』(講談社選書メチエ)、近著に『権力の日本史』(文春新書)、『怪しい戦国史』(産経セレクト)、『空白の日本史』(扶桑社新書)、『日本史を変えた八人の将軍』(祥伝社新書、共著)、『日本史でたどるニッポン』(ちくまプリマー新書)など多数。

NHK「偉人たちの健康診断」取材班

NHKBSプレミアムで、2017年から放送中の人気番組。

健やかに生きるヒントが満載の歴史＋健康バラエティー。

講談社＋α《プラスアルファ》新書　**814-1 C**

危《あぶ》ない日本史《にほんし》

本《ほん》郷《ごう》和《かず》人《と》 ©Kazuto Hongou 2020

NHK「偉人《いじん》たちの健康診断《けんこうしんだん》」取材班《しゅざいはん》 ©nhk

2020年3月19日第1刷発行
2021年3月 3 日第2刷発行

発行者──── 渡瀬昌彦

発行所──── 株式会社 講談社
東京都文京区音羽2-12-21 〒112-8001
電話 編集(03)5395-3522
販売(03)5395-4415
業務(03)5395-3615

写真──── 森 清

デザイン──── 鈴木成一デザイン室

カバー印刷──── 共同印刷株式会社

印刷──── 株式会社新藤慶昌堂

製本──── 株式会社国宝社

定価はカバーに表示してあります。

落丁本・乱丁本は購入書店名を明記のうえ、小社業務あてにお送りください。

送料は小社負担にてお取り替えします。

なお、この本の内容についてのお問い合わせは第一事業局企画部「＋α新書」あてにお願いいたします。

Printed in Japan
ISBN978-4-06-519443-0